U0509085

走近南仁东

"中国天眼之父"的
奇趣人生

杨正位 / 编著

人民出版社

南仁东在"中国天眼"工作现场

2013年7月19日,南仁东在大窝凼施工现场,查看横移箱梁吊装工作

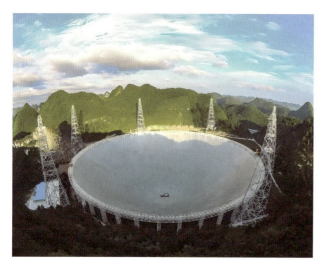

"中国天眼"

"中国天眼"建成前的大窝凼

南仁东设计的"中国天眼"标识

南仁东在雨中查看"中国天眼"建设情况

南仁东在大窝凼的简易住房及办
公室前

南仁东外出调研考察

*3*

南仁东的两幅画

南仁东在办公室

南仁东剪影

"成功的花，人们只惊慕她现时的明艳！然而当初她的芽儿，浸透了奋斗的泪泉，洒遍了牺牲的血雨。"

大家都讲，没有南仁东，就没有"中国天眼"；因为他，中国成为世界上看得最远的国家。这让我们由 FAST，想起"两弹一星"，二者的运作机制，判若霄壤：一个是个人推动，以命相搏，终成大国重器；一个是国家主导，23 位功勋科学家集体攻关，扬眉吐气。

南仁东去世前后，各种荣誉纷至沓来，年度人物、科技创新、创新争先、候选院士、时代楷模、人民科学家、南仁东星、改革先锋、最美奋斗者……可谓生前无限寂寞，身后无比荣光。一生淡泊风趣的南老，如若天上有知，不会是常人的悲喜交加，定会从太空俯瞰人世，露出揶揄的微笑。

鲁迅先生讲，"我们自古以来，就有埋头苦干的人，有拼命硬干的人，有为民请命的人……这就是中国的脊梁"。南仁东的一生，正体现了这样的"脊梁"。

他到底是什么人？有什么本事，能这么令人惊叹，让中国在射电天文领域，从远远落后到领先世界 10—20 年？

# 目　录

## 一、高人

　　人文学科领域，陈寅恪先生被誉为"教授中的教授"。自然科学领域，南仁东被尊为"科学家中的科学家"，许多方面明显高人一筹。

　　他看书不是一行一行地看，而是一页一页地翻，过目不忘，被称为"神童"。他是吉林省高考"状元"，本科就读于清华大学无线电系，竟在全校机械制图比赛中夺得第一名。

　　除去天文学，他在很多领域，如建筑、机械、电子、绘画、文学等，都表现出超人的才华，他不仅是专才，更是通才。

　　"令德唱高言，识曲听其真。"他的想法，人世罕有知音，只好在宇宙中飘荡。他的心灵，早已超出了国界，超越了人类，飞向那广袤的太空。

# 序 言

时光很快，到 2024 年 9 月，南仁东先生已经逝世 7 周年了。今天，他毕生追求的"中国天眼"梦想，正在变成现实，发现的脉冲星数量远超预计，已达 900 多颗，是世界其他望远镜发现的 3 倍多；向全球释放了约 4.2 万个中性氢样本，是世界最大的，样本数量超过"阿雷西博"过去 13 年的观测成果；获得迄今最大快速射电暴样本，致密星系群、毫秒脉冲星等新发现层出不穷，证实了他对大科学装置作用的远见；"中国天眼"已向全球开放，年观测时间超过 5300 小时，成为各国科学家申请的观天利器，完成了他的爱国夙愿，也让我国站在世界射电天文的前沿。

7 年来，仁东的事迹越传越广，感动了无数国人，特别是年轻人。无论是政府，还是民间，都有很多人纪念他。"时代楷模""人民科学家""爱国科学家的典范"，各种荣誉接二连三，他当之无愧。中央电视台也做了多次节目，介绍他的生平事迹和卓越贡献。前段时间，本书作者通过秘书联系，希望能够为他即将出版的《走近南仁东——"中国天眼之父"的奇趣人生》写个序言，我欣然应允，借此机会，回顾与仁东交往的一些往事，以示缅怀。

1996 年，我从中国科学院化学研究所调到院里工作，任副院长，负责基础前沿研究。院里高度重视重大科技基础设施建设工作，一般由分管副院长担任工程建设领导小组组长，以方便协调院内外研究力量开展科技攻关等工作。我在“中国天眼”建设初期担任领导小组组长，担任科学院主要领导后，也高度关注这项工作，与南仁东先生结下了深厚的友谊。

“中国天眼”在起步阶段就备受关注，科学界也存在一定的争议。1993 年，在国际无线电科学联盟大会上，世界各国的天文学家呼吁建造一个“大射电望远镜”，西方国家提出建设平方公里阵列，也就是 SKA 项目。以南仁东为代表的中国科学家，提出利用贵州众多喀斯特洼地群，建设射电望远镜阵列及补充方案 FAST，可独立于 SKA 开展世界第一大单天线射电天文观测与研究。遗憾的是，中国方案没有得到认可，在很多国外同行眼中，我国天文学家的想法不切实际，因为当时中国是一个连汽车都造不好的国家，在国内同样有人质疑和反对，仁东为此感到非常沮丧。

2004 年底我专程到国家天文台，在仁东办公室里与他座谈，希望他放下包袱，大胆地尝试探索。2005 年 11 月，院里推荐“中国天眼”作为国家重大科技基础设施项目申报立项。2006 年底，我应仁东之邀去贵阳开会，会后和专家们一道去现场考察。当时，“中国天眼”的选址工作已接近尾声，要在贵州平塘县大窝凼和普定县尚家冲，两个备选台址中确定一个。因平塘县大窝凼离贵阳较远，且当时交通极不便利、时间来不及，就只好去了普定尚家冲。我们的车先走了一段高速公路，然后进入漆黑的山路，共开了两个多小时。那天下了点小雨，路上坑坑洼洼的全是泥水，周围也鲜有人家。到了之后大家踩在泥土里，深一脚、浅一脚，那个泥土非常粘鞋，走起来很艰难。仁

白春礼与南仁东在办公室座谈

东打着手电筒，很投入地介绍当地的地貌特征、与大窝凼相比的优劣势等，给我留下了极为深刻的印象。"中国天眼"选址用了近12年时间，仁东他们几乎跑遍了贵州所有洼地，山区地质灾害频发，他几乎是冒着生命危险，经历了常人无法想象的磨难。

2011年，"中国天眼"正式开工建设，仁东和我联系说想做个仪式，由于我刚接任院长之职，实在排不出时间，未能成行。2015年初，仁东给我讲他们克服了最大的技术难题，研制出适合"中国天眼"的索网，并能按期完成工程建设，我真心为他们高兴，并答应尽快到现场调研。2015年6月，我到FAST工程大窝凼现场调研，但遗憾的是仁东未能参加，那时他已是肺癌晚期，我心里非常难过，要求院里尽最大努力支持他治疗。

在仁东的带领下，工程建设者加班加点奋战5年半，使得"中国天眼"于2016年9月25日按期建成。习近平总书记发来

贺信，我陪时任国务院副总理刘延东出席落成仪式，现场见到仁东，并一起合影。当时，他的身体因为化疗而变得很虚弱，嗓子嘶哑，让人十分心酸。2017年9月15日，仁东先生与世长辞，虽然之前我一直关注他的病情，收到消息时仍深感悲痛。仁东先生去世后，习近平总书记等中央领导同志表示哀悼和慰问，对他的工作事迹给予充分肯定。

2020年1月，我与时任贵州省省长谌贻琴共同担任国家验收组组长，对"中国天眼"进行验收，专家组一致认为，"中国天眼"综合性能达到国际领先水平，对促进我国天文学实现重大原创突破具有重要意义，同意通过国家验收。

在我的印象中，仁东与大多数优秀科学家一样，具有求真、求实的朴素品格，具有对祖国、对人民的诚挚热爱。同时，他的人文修养、综合素质很高，他的社会洞察力、组织能力、操作能力都异于常人，他是那种少有的既能想事还能干事的人，是难得的既能当科学家又能当"总工"的人，是难得的多面手，可以说是个全才。

能打动人的，短期可能是成功，长久更得靠人格！对真善美的追求，对仁义礼智信的践行，为国尽忠、为民尽善、为人尽义的言行。无论外部环境如何变化，仁东一直坚守自己的价值底线，一直执着于自己的理想，甚至到了偏执的程度，让我们看到了一个另外的形象，一个为国为民的"仁者"形象，一个为人为友的"君子"形象。他的所作所为，体现了"智仁勇"三达德，触动了人们心灵柔软处，令人感受到灵魂的洗礼，体会到生命的多重价值，体会到中华文明"士人"的传承。

作者说他写作初衷是心有所感，不得不发，时常有"文化托命"似的冲动，优秀传统文化、红色革命文化、西方现代文明可以在脑中毫不冲突，仁东的一生正好体现了这一文明集成。读者可以从他的一喜一悲、一甘一苦、一哭一笑中，获得人生的启迪，汲取前进的力量。

最后，我想用爱因斯坦纪念居里夫人的话语，来表达我的心情："第一流人物对于时代和历史进程的意义，在其道德品质方面，也许比单纯的才智成就方面还要大。即使是后者，它们取决于品格的程度，也许超过通常所认为的那样！"

是为序。

中国科学院原院长、中科院院士　白春礼

2024 年 7 月

# 引　子

2016 年前后，我才知南仁东的名字，想不到世俗洪流中，竟有这种为理想奉献的人。我与同事们一起学习的过程中，接触到他更多事迹，心里越来越放不下，越来越不平静。后来，又看了王宏甲、刘熙、祝成侠、罗德思、王华、萧雨林等为他写的传记，南老的形象更加鲜活多面起来。

这些人物传记，不乏生动精彩，特别是他生平时序，写得较为完整丰满。我心中也有记录的冲动，但又不便重复，于是换个视角，从他是一个"什么人"的角度，以人格中的某种特质为经，以生平事例为纬，穿插交替着写。这样写的好处是，某一特点相对突出完整，缺点是有时空错乱之感，目的是想让读者了解"南仁东这个人"。

于是，便将他一生的时空正序，以附件形式加以补充。只望这种存在瑕疵的探索，让读者更觉亲切生动，减少符号与脸谱感，增添别样的评价。南老的一生，体现了家与国、泪与笑、成与败、喜与悲、执着与放下、科学与人文的多重变奏，让人一看就不易放下。德为人先，学为人师，行为世范，是他一生的写照。

他是一个让人见了一面，就很想了解的人，一个实现了"世界那么大，我想去看看"的人，一个活过、玩过、笑过、哭过、爱过、痛过的人，一个梦想过、现实过、幽默过、奉献过、宽厚过、严苛过、孤独过、热闹过、高大过、渺小过的人，总之，真是一个有趣的人。人们对他一生的问号越多，得到的惊叹号越大！如同他的传记作者所言，我们在不断访问"不朽"！

他不喜欢做"完人"，不愿被宣传，最怕被"神化"。他有时脾气大，有时爱骂人，有时不"正经"，有时吹毛求疵，有时像"犟牛"，有时心太软，有时不顾家，一个优缺点袒露无遗的人，一个大家身边人情味最浓的俗人。

本书力图写真、写实，采访了他的亲人和朋友南仁刚、黄金生、斯可克、黄雷、王天挺等，同事朱文白、张蜀新、任革学等，他救助过的林潇潇、刘钟、刘乙等，南老的传记作者王宏甲、祝成侠等，参考了他的夫人郭家珍及吴学忠、张国起、张德杏、南斯佳等的回忆，国家天文台严俊、陈学雷、田文武、姜鹏等 20 多人的纪念文章，以及新老媒体的各类采访、报道和视频。相关表述均已获得授权。

希望一个立体、真实的南仁东，展现在读者及后人面前。

# 一、高人

## ——"我欲乘风归去，又恐琼楼玉宇，高处不胜寒"

南仁东首先是一位高人。人文学科领域，陈寅恪先生被誉为"教授中的教授"。自然科学领域，南仁东被尊为"科学家中的科学家"，许多方面明显高人一筹。

### 1. 智商高

青年时期的南仁东，是典型的"别人家孩子"：1963 年的吉林高考"状元"，报考清华大学时填的志愿是建筑系，但因招生时"机要系"优先，被抢走而进了无线电系，后来竟在全校的机械制图比赛中夺得第一，在美术比赛中成为唯一获奖的非专业学生。

他于 1945 年生于吉林辽源，从小就与众不同。和小伙伴们玩耍，总是他主意多，被拥为"孩子头儿"。5 岁时去河边抓鱼，每次他都比小伙伴们抓得多。后来他说明诀窍，鱼会聚在水有弯儿的地方，石头缝里的鱼好抓。他的细心、观察与思考，显然超过同伴。

高中时的南仁东

采野菜时，他会在上山时观察哪里的野菜多，然后拎着空筐爬到山顶，先玩一会儿，用树枝写写画画；下山时，就直接去野菜多的地方采，每次他的筐都是满满的。

有次和小伙伴们在山里迷了路，他一片一片翻看树叶，告诉小伙伴，树叶经长期的太阳照射，是有阴阳面的，靠这个就可辨别方向。如果晚上迷路，可以看星星，北斗星会指方向。

虽然南仁东家境贫寒，母亲还不识字，但他上学后显现出过人的天赋。他看书的方式，不是一行一行地看，而是一页一页地翻，翻书声基本不停，可以说是一目十行、过目不忘，被赞为"神童"。有次考完试后，老师惊呆了，得了满分不说，而且字迹工整、笔力遒劲，像刻上去的一样。

南半球的星星是什么样子的？月亮上到底有没有嫦娥？这片树叶为什么这么美？蝴蝶翅膀为什么是对称的？在同龄孩子的眼中，南仁东的思绪无边无际、自由翱翔，对科学的兴趣非常强烈。

他童年时的邻居张平回忆道，"我从小就很仰慕他，记忆能力超强，解题方法独特，诗词、文化、绘画样样精通，所以在朋友中有威信……'金鳞并非池中物'，说的就是他"。

他记忆力超强，接触过的人都很吃惊。弟弟南仁刚说，"哥哥小时候外号'大脑袋'，因他的头又大又圆，学习又过目不忘。我与哥哥一起走时，常听他嘴里不停嘟囔，后来才知道他在背题"。

他喜欢读书，但由于家里穷，没什么书可读。只要看到有字的纸，他都要读一遍。只要手里有一点钱，他就会跑到书摊换个读物。换什么书，取决于手里有多少钱，所以他没有什么偏好，读的书很杂。家里没煤油灯时，他就到路灯下看书。

他借遍了老师、同学家的书，获得的知识越来越多，眼界越来越宽。在辽源五中时，他有一台照相机，这在当时是新鲜物。黄昏后，他就把教室的桌椅拼起来，找一块布围住四周，搭成简易的"暗房"，并用自配的药水显影。他拍的照片，比照相馆里的都好。

"他高二就喜欢天文知识，给我介绍他知道的每一颗星，《每

南仁东高中毕业奖状及其他奖状

月一星》是必读物。他当时景仰的政治家是周总理,最崇拜居里夫人和爱因斯坦",南仁东的高中同学、好友吴学忠回忆。多年以后,他自己编程、用电脑打印出爱因斯坦像,目光坚定,散发出睿智的光芒,而且所有线条,居然是字母拼成的。

吴学忠说,"他就是个天才,感兴趣的东西太多了,每一样都不敷衍。他学习能力极强,课本上的内容都事先学完了,课堂上只听有疑问的地方"。

其实,课本上的内容,远远满足不了南仁东的求知欲,他也曾对课本失去兴趣。他的学习之路也并非一帆风顺,初中时成绩

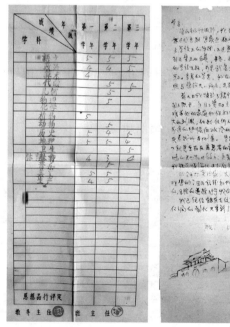 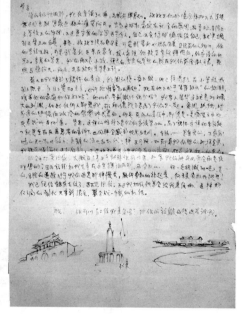

左:南仁东的中学成绩单;右:南仁东与吴学忠的通信

并不是很突出，有时还贪玩成性、不思进取。数学老师赵振声发现了他的天赋，把他叫到家里，推心置腹地谈了一整天，将 15 岁的南仁东引上了求学正途，让他清楚了人生之志，或者说开启了他的"天眼"。如果没有这位"伯乐"，也许就没有今天的南仁东和 FAST。

他后来告诉弟弟仁刚，想要好成绩很简单，只要在考前把学过的书背一遍即可。"每次考试前，他会突击复习，利用过目不忘的本事，从家到学校的路上，一本书从第一页到最后一页，就在他脑子里放了一遍电影。"后来每次考试，他一定是第一，而且经常比第二名高出很多。

1963 年参加高考，南仁东的志愿填了两个：清华大学、北京大学。他是吉林省"状元"，成绩比清华大学建筑系录取线高 50 多分，但被调剂到当时国家更需要的无线电系。

他耿耿于怀，甚至逃学跑回家，不想再读了。结果被父亲痛斥一顿，被骂回学校。"他家教严厉得很，父亲是工程师，对子女教育非常苛刻，南家的子女都很听话"，吴学忠回忆。

大学一年级，他被老师指定为学习委员，后来又当了班长，同学张国起回忆道，"他成绩非常好，大家认为很难的高等数学和理论物理，他学起来都轻松自如、游刃有余，让人羡慕不已；他空间想象能力很强，复杂的机械零件制图，竟然画得那么漂亮，简直就是精美艺术品"。

"先不说他后来的大事业，在大学时，他就是一个非常优秀的学生。用现在的词来讲，绝对是标准的学霸"，南仁东的清华大学同学、知己黄金生，在他们毕业 51 年后，回忆起来对他仍是赞不绝口。

"我们曾一起讨论过气体液化临界温度等问题，他给出的答案，让我这个曾经也算'学霸'的人，打心眼里佩服，自愧不如"，比他低一届的清华大学同系学弟、好友，也是在通化共事 10 年、FAST 工程顾问斯可克如是说。

除了超强的学习能力，他的实践能力同样非常出色。1968 年底，他在清华大学学习了 5 年半后，毕业分配到吉林通化无线电厂。在工作中，他展现出非凡的创造力和超强的动手能力。1971年，厂里接了一个项目，要把吉林大学的计算机图纸变成产品，主要是做好所有图形模具，并保证外形美观。真正干活时，大家都"傻眼"了，要把 2000 多个二极管、300 多组三极管，全部装在一个抽屉大小的模具里，在当时可算是世界前沿难题。

但这没有难倒"攻关王牌"南仁东。他不仅埋头苦干，更懂得找"老师"：查阅资料、苦学计算机原理。就连大家吃饭时，他也边吃边翻书，有的还说他连续一周没睡觉。一周过后，他拿出一个铁板，是他自己编程，并用线切割机床按程序切割出来的图像。那个时代的大学生普遍不了解计算机，更别说编程。那么复杂的东西，他居然靠翻书就学会，并且做成了。一起参加攻关小组的 6 位技术骨干，对他的一致评价是："智商过剩，能力无限。"

1978 年报考研究生时，厂里的人都没见过他复习。准备同考的好友刘绍禹见他不复习，以为他不考了，加之自己的妻子生病需要照顾，所以就私下放弃了。考试那几天，南仁东还是嘻嘻哈哈，午休时还拉着大家一起睡，可以说是"泰山崩于前而色不变，麋鹿兴于左而目不瞬"。后来南仁东顺利考上研究生，刘绍禹很是生气。

他报考的专业，不是自己熟悉的计算机或无线电，而是天文学。后来有记者问他，"为什么会选那么冷门的天文学？""这个专业的复习资料是最薄的啦，一定很好考！"理由简单到令人咋舌。读研究生时，他一会儿关注人造卫星，一会儿看光学，一会儿看宇宙学，这种"三心二意"的态度，让导师很不高兴。他本想赴美深造，老师没同意，被安排去印度，又被印方拒绝，最终去了荷兰，之后又去了日本和多个国家。

他对导师王绶琯一直非常敬重，但他奇思妙想太多，有时也与导师争论，但这些大都是范式之争、天才之争，并不影响他与导师的关系。

王老师后来对 FAST 项目也很关心。1993 年 6 月，他提议由南仁东牵头大射电望远镜（LT）在中国的推进工作，也长期关心、参与和指导 FAST 的创新研制。1998 年 2 月，王老师还主笔起草四院士推荐信，为 FAST 项目立项"背书"。

南仁东常谈起王老师的教导，"科学需要敏锐眼光，要有穿透力"，"王老师的文学比我好得多！"他还举了个例子，有一次王先生与外国专家交流后，英国天文学家私底下说他的英语比他们自己的都好，是文化的（culturized）英语。他曾为老师画过一幅漫画：一个老头，光着脚，悬腿坐，在太空中钓星星，很有想象力。

他后来去了荷兰而没去美国，也证明导师是对的，因为自近代天文学奠基人第谷以来，欧洲一直是世界天文重镇。他在荷兰的时光很快乐，收获也大，很快专业水平就达到世界一流。不久，他就首次在国际上应用 VLBI"快照"模式，取得丰富的天体物理成果；VLBI 混合成图，达到国际最高动态范围水平，成为世界顶尖的天文学家之一。

南仁东功成名就之后，荷兰天文台曾许以年薪 15 万美元，这在当时是国内工资的 1000 多倍，还有一套小别墅，挽留他留在荷兰工作。但因多种原因，他最终没有动心，选择了回国效力。

后来，他升任为北京天文台副台长，2006 年又被选为国际天文学会射电专业委员会主席，这是我国天文学界首次在此层面任职，说明他的专业素养得到了国际同行的广泛认可与尊重。这也是他一生获得的众多头衔中，他最自豪、最在意的一个，可见学术在一个科学家心中的分量。

斯可克回忆说，"和他接触过的人，都佩服他的高智商。他说'要正确、准确地认识世界，先要学好数学、物理这些最基本的科学知识，这样才不会被伪科学和异端邪说所迷惑'。凭着坚实的科学素养和渊博的专业知识，他在科学事业上的判断决策，大多是正确的。大家把他视作'权威'，绝不是没有道理"。

他的 FAST 构想，更是震惊世界，"我第一次听到这个设计创意时，就震惊了"，"非常非常精妙的系统，全部自动化控制，令人折服"，"只有你们中国能做成 FAST"，"从几年前的一片荒芜，到现在可以运行，真的很伟大"，国际大射电望远镜 SKA

（平方公里阵，Square Kilometre Array）计划的总干事戴蒙德，常常对 FAST 赞叹不已。

FAST 反射面重达 2400 多吨，有 4450 块正反射板、近 9000 根钢索，是当今世界上唯一能变形的射电望远镜。球面反射面积达 25 万平方米，圈梁周长 1.6 公里、步行一圈要 40 分钟，相当于 30 个足球场、8 个"鸟巢"那么大。

"太美了！这是一个画家设计的吗？"英国天文学家、"脉冲星之母"乔瑟琳·贝尔首次看到 FAST 时惊呆了。

FAST 最远能探测到 137 亿光年之外，灵敏度约是德国波恩号称"地面最大的机器"的 100 米望远镜的 10 倍、美国"阿雷西博"望远镜的 3 倍；综合性能约为"阿雷西博"的 10 倍。"阿雷西博"直径达 350 米，在阿波罗登月之前被评为人类 20 世纪十大工程之首，在被 FAST 超越之后，于 2022 年被美国科学基金会宣布废弃。

FAST 覆盖了当今射电天文的三大热点：宇宙演化、探测脉冲星和星际分子；通过搜索可能的星际通信信号，寻找地外文明的概率比现有设备提升了 5—10 倍；与美国的"凤凰计划"相比，FAST 可将类太阳星巡视目标扩大 5 倍以上。

《西游记》里有两个神仙，千里眼与顺风耳。在天文望远镜家谱里，也有这两种分支：一个是以美国哈勃为代表的光学望远镜，它就像千里眼，可以看到几百万光年之外的天体；另一个就是以 FAST 为代表的射电望远镜，就像顺风耳，可以听到 100 多亿光年外的电磁波，这个距离已接近人类已知的宇宙边缘了。

FAST 超强的灵敏度，有望在短时间内实现纳赫兹引力波探测，捕捉到宇宙大爆炸时期的原初引力波，为研究宇宙大爆炸原初时刻的物理过程提供数据支撑，同时还有能力将我国深空探测及通信能力延伸至太阳系边缘，并满足国家重大战略需求。

"借助'天眼'超高的灵敏度，我国已将脉冲星的计时精度，提升至世界原有水平的 50 倍左右，这将有可能使人类首次具备极低频的纳赫兹引力波的探测能力"，接替南老任 FAST 总工程师的姜鹏说。

"你在月球上打电话，这里能听得清清楚楚"，堪称世界天文史上的奇迹！这也让我国"弯道超车"，可领先国际 10—20 年。

美国国家科学院院士、伯克利大学射电实验室主任卡尔·海尔斯教授认为，FAST 比"阿雷西博"更加灵敏，覆盖更大天区，且拥有 19 波束的接收机，在脉冲星搜寻、观测星际云等天文学领域，拥有革命性的机遇。

FAST 建成后，美国有线电视新闻网称其为"中国最大的天文望远镜，将开始搜寻外星人"。英国《泰晤士报》说，"FAST 体现了中国在太空的雄心壮志，使中国的国际威望得以提高"。英国《卫报》也说，"中国未来的发现，甚至会超出我们最疯狂的想象"。

"'天眼'短短两年内的发现，超过同期欧美多个科研团队的总和，将帮助科学家在相关研究领域取得更大突破"，国家天文台研究员朱文白说。

FAST 从启用到 2024 年 11 月，已发现 1000 多颗脉冲星，是同期国际上其他发现总和的 3 倍多；基于 FAST 观测数据所发表的高水平论文 100 多篇；多次捕捉到极罕见的快速射电暴爆发，快速射电暴起源的新突破，入选 2020 年《自然》十大科学发现……凭借这一巡天利器，我国科学家放出豪言，"预计再用 8—10 年，争取把银河系看穿"。

2016 年 FAST 落成启用时，习近平总书记专门致贺信，"500 米口径球面射电望远镜被誉为'中国天眼'，是具有我国自主知识产权、世界最大单口径、最灵敏的射电望远镜。它的落成启用，对我国在科学前沿实现重大原创突破、加快创新驱动发展具有重要意义"；此后，习近平总书记又在两院院士大会、科学家大会、新年贺词、党的十九大报告等重大场合，约 10 次提及南仁东及"中国天眼"，作为大家学习的榜样。

"'天眼'意味着中国能把空间测控能力，由地球同步轨道延伸至太阳系外缘；且为脉冲星将来替代卫星导航提供了可能"，国家天文台研究员、FAST 台址与观测基地系统总工程师朱博勤说。借助 FAST 超高的灵敏度，国家天文台将脉冲星的计时精度，提升至世界原有水平的 50 倍左右。

脉冲星是旋转的中子星，由恒星演化和超新星爆发产生，因其不断发出电磁脉冲信号而得名。脉冲星是一个高密度的天体，体积很小但是质量却非常大，一颗方糖大小的质量就上亿吨。从公布的脉冲星数据来看，没有一颗直径大于 40 公里，体积虽小但旋转速度非常快，自转一周最长仅需 23.5 秒，最短的 1.37 毫秒，或者说快的 1 秒 730 转，最慢的 1 秒 1/24 转。

脉冲星自转周期极其稳定，成为人类测量宇宙时空的时钟，是宇宙最精确的灯塔。例如，地球上开车，要靠天上的卫星定位；而宇宙飞船一旦飞进宇宙深处，望远镜、卫星不能观测，就需要脉冲星提供的准确时间，测算出某时某刻的具体位置。

FAST 正式运行一年后，已观测服务近 6000 个机时，超过预期设计目标近 2 倍。2021 年 4 月，FAST 向全世界科学家开放，外国科学家可分配到 10% 的观测时间，目前已帮助美国、荷兰、澳大利亚等 15 个国家的研究团队开展观测 900 余小时，涉及科学目标漂移扫描巡天、中性氢星系巡天、银河系偏振巡天、脉冲星测时、快速射电暴观测等多个领域，成为各国科学家的"观天利器"。

2024 年 4 月 6 日，"中国天眼"再次向全球开放 2024 年 8 月至 2025 年 7 月观测季自由申请观测项目的申请通道，有 1600 小时的望远镜时间向自由申请观测项目开放。

英国天文学家拉夫尔·伊夫说，FAST 持续向全球科学界开放，全世界的科学家都可以根据他们的研究计划，申请使用这一开创性的仪器，这意味着天文学家可以开展以前由于望远镜灵敏度不足而无法进行的实验。

"世界上没有任何一台望远镜可以与它相提并论，它的存在就是为了改变我们对宇宙的认知"，澳大利亚天文学家左乌米斯赞扬道。

正如接替南老任 FAST 首席科学家、曾在美国"阿雷西博"工作过的李菂所言，"当祖国越强大，就越开放越自信。我们要变得更开放，让全世界的科学家都来用"。

## 2. 才华高

除去天文学，南仁东在很多其他领域，如建筑、机械、电子、绘画、文学等，都表现出超人的才华，类似历史上那些闪亮的群星：亚里士多德、阿维森纳、苏东坡、王阳明、达·芬奇、爱因斯坦等，不仅是专才，更是通才。

他的高中同学说，仁东是个"全才"，感兴趣的东西太多了，每一样都不敷衍。他字写得漂亮，学校出黑板报非他不可；滑冰、游泳样样擅长，是个体育健儿；会谱曲，谱的小调儿朗朗上口。

从清华大学毕业后，他在通化无线电厂工作了 10 年，进厂不过 3 年就 3 次出手，搞出收音机、电视发射机、小型计算机三大创新，成为大家交口称赞的"青年鲁班"。对于不懂的，他总是从一大堆书和资料里，自己找师傅；没干过的，不懂现学，敢做敢干，从实践中出真知。

1969 年，南仁东一到厂便被选入小型收音机外形设计 4 人小组。他知识丰富、思维缜密、精于分析、善于借鉴，在反复测算和综合各种影响因素后，画出了收音机的实体图、给出了模具的具体数据。在小组里张凤桐、杨世新等配合下，精心做出的模具拿到长春塑料三厂进行注塑测试，竟一次成功通过。该厂 7 级模具师傅羡慕得赞不绝口，连说"没想到搞无线电的还会做模具，就是我们自己搞，也要经过几次测试"。

"后来，由南仁东设计、绘图制作的模具，在长春塑料三厂免测，可直接上机生产"，杨世新说。关键的难题在"巧手"南仁东这里迎刃而解,使该厂提前批量生产。从此,该厂的"向阳牌"收音机走俏全国,成为家喻户晓的品牌。

这次牛刀小试,南仁东用能力证明自己是一名"巧匠"。随后,他又参与研制小型计算机。这时他有一个奇遇,结识了数学家王湘浩。王湘浩于1955年当选为中国科学院学部委员,是我国著名的计算机科学家,中国人工智能奠基人,数学极好。他教南仁东的代数、乘法18种定义等,颠覆了南仁东对数学的认知,可能是对南老影响最大的人之一。

1971年,王湘浩所在的吉林大学引进了意大利的晶体管台式计算器,并利用泰勒公式增加三角和对数函数,开发出了一款台式计算机,功能类似于现在的电子计算器。但吉林大学只有基本想法、原理和图纸,如何把理论变成现实,需要工厂自行攻克。

2000多个二极管、300多组三极管、36块线路板,全部要装在一个办公桌抽屉大小的模具里。结构安排,包括线路板,都是南仁东自己设计、手绘制图完成的。他技术能力超强,调好这个机器需要大量心血,需要超强的逻辑推理能力。一旦计算机出了故障,要从那么多根管中找出坏的那根,无异于大海捞针。幸好南仁东直觉很好,总能迅速查出毛病出在哪儿。

大家每天工作到凌晨,两个月研制出第一台样机。3年内工厂生产了400多台,被全国不少单位使用,该厂成为通化市三大纳税大户之一,员工也增加了近10倍,成为千人大厂。

"他就没有学不会的事儿,只要他想做,就一定能成功",电视发射机研制成功后,工厂同事刘绍禹印象深刻。"他设计的模具样板，到机器上丝毫不差；插件接头接触不良，他就改进插头镀金，亲手干电镀"，大家都知道他能干、能唱、能画，工作有思路有闯劲，遇到困难从不退缩，总能想出办法，是个"全能"的人。

"南仁东干得不错，还学其他工种，车、钳、铆、电、焊样样都会，样样都精。设计、制图也很专业"，杨世新回忆道，当年中专毕业后，他与南仁东几乎同时进厂，自己没进步，而南仁东很快就当上了技术科长。

当然，南仁东的"全能"，既是自己的爱好，也离不开努力争取。作为清华大学的毕业生，他到厂后先被分配到包装车间。他据理力争，才改分到无线电组装车间，当上了"小金工"。

"他动手能力超强，只要他尝试，都能成功"，吉林作家祝成侠说。上大学时穿的"奇装异服"，都是他自己

上：通化市无线电厂技术科全体人员合影（前排左三为南仁东）；下：南仁东与刘绍禹

设计、制作的。他看到大嫂衣服不得体，很快就重做了一件，非常合身。"心灵手巧"，这个常用于赞美女性的词语，用来形容南仁东也再合适不过。他在通化时为朋友盖新房，连家具都是自己制作的，样式也与众不同。

"他曾送给我一个小工艺品，自己做的，非常漂亮。他在有机玻璃里再套放一片小的有机玻璃，里面是蓝色的，外面是白色的，蓝的上面雕一个天鹅，写着'Swan'。在我们那个年代，有机玻璃很难得"，黄金生回忆。

南仁东也很有语言天赋，FAST 项目招人时，有个应聘者说自己的外语是俄语，南老就用俄语问了几个问题，小伙子愣住了，改口说自己还会日语，他又用日语问，小伙子目瞪口呆了半天。他面试时往往问很多问题，未必很难但范围却很宽，主要考查直觉和悟性。

FAST 建设时，涉及天文、力学、电子、材料、机械、结构、岩土、工艺、画图、测量与控制……"能懂一两样就算不错了，但偏偏他几乎都懂，FAST 像为他而生。"在姜鹏看来，术业有专攻，这样全干全会并不科学，但"时代造就了这样一个人"。

FAST 是一个全新的创新工程，涉及近 20 个专业，这使得南仁东成了样样皆精的通才。他"对 FAST 整个流程都感兴趣"，抓每个部位、每个细节的可靠性，"对模具、机械加工、电镀、锻造，样样都精。他向工人们学，而且做得比那些师傅好，师傅都很佩服他"。

"南老师对 FAST 是如此了解，从最初讨论到每一个细节设计，所有关键技术他都了如指掌"，他的学生、国家天文台高级工程师岳友岭说，他"总能很快找到问题的关键所在"。拖了近两年的钢索设计，是建造难点，"钢索应该用什么样的钢，接头用什么技术解决，用什么工艺支撑 FAST 外形，南老师都一清二楚"。

馈源舱的力学实验报告提交一周后，他突然打电话给课题组长说："你的报告我看完了，为了推算报告里的方程，我又复习了一遍微积分。相似律的部分我还仔细推导了，咱们可以考虑后面的模型设计了……"这让力学专家大吃一惊，认为这也许出于"状元"的自信，没觉得无线电跟力学有多大的距离，什么难题在南老内心都不可怕，敢下死功夫学。

"他脑中根本没有学科概念，理解力特别强，好像什么东西都能融会贯通，能够连起来。有时我们感觉很神秘的东西，他都能理解，总能找到知识点，说话一针见血"，黄金生说。南老研究生读的是射电天文，但 FAST 整个建设时期，面对的主要是工程难题，他都能应对自如。

虽然南仁东在天文学专业入门较晚，但他的 VLBI 混合成图水平在国际上是一流的，这使得他被应聘到日本国立天文台。原本日本想聘的是一位美国天文学家，但这位专家说 VLBI"快照"技术南仁东最懂，便成就了他的日本之行。他于 2006 年当选为国际天文学射电天文分部主席，完全是凭借学术贡献，而非 FAST。

南老在 FAST 施工中，还有多次预言成功的"神迹"。对于机械专业中的焊接点收缩量问题，施工方预计是 2—3 毫米，而他预计会达 10 毫米左右，事实证明他是正确的。预测准来源于精通业务，他的学生、FAST 馈源系统高级工程师杨清阁回忆，"南老师第一次审核我设计的机械图纸，认真看了每一张图，从制图规范、装置原理到加工和装配工艺，问了许多关键问题，提出了一些好的建议。我很惊讶：一位天文学家，还对机械专业有这么深入的研究！"

他对钢索的预判也是如此。FAST 的钢索需要伸缩变形，这就得计算钢索的耐疲劳度。刚开始专家们按 30 年寿命预估，钢索应承受约 600 万次拉伸；但南老算出来只需 200 万次，后来经过多次计算模拟，发现南老是对的，600 万次远超寿命所需，是不合理的。

他估计的反射面变形，最后仅差 0.67 米，可见他预判能力超强。

"馈源舱一直达不到最大观测角要求，南老师很着急：如果不到 40 度，就看不到银河系中心，很多观测目标都会受影响。最后，他想出来一个'有流体配重的馈源舱'，非常有创造力，得到许多力学专家的高度认同"，他的学生、FAST 调试组副组长甘恒谦说。

在通化时，他就展示过这种"神迹"。他曾问计算机大师王湘浩，"为什么不把二极管、三极管、电路板等，改成集成电路？"这一想法极为超前。他本是计算机"外行"，但天才般的创见与思路，与后来的技术发展一致，成了真正的预言。

他的大学同学回忆，"学习中有什么不懂的时候，会经常请教他，如德布罗意波、薛定谔方程，他总能讲出很多道理来，总是比大多数同学理解得更深刻"，"他天赋出众，但每次听课还比谁都认真，笔记做得比谁都仔细，作业永远写得非常工整，画的图非常漂亮，三角形很直，圆也画得很圆，徒手画的就跟圆规画出来的差不多"。

他发展全面，每门功课都好，还大量阅读各种课外书。"文革"期间他救助过的清华附中学生刘立有一套《天文学》，上、下两册，他竟然认真地阅读完毕，还给人讲脉冲星。也许就是当时激发了他探索宇宙的想法，对他最后从事天文学有一定的影响。

他在清华大学时，学的是无线电专业，但是竟在全校范围的机械制图比赛中获得第一名，尽管清华大学还有专门的机械工程系，系里也是"高手云集"，他依然能脱颖而出。

他救助过的原清华附中学生林潇潇也说，"他在我们心中是万能的，似乎无所不知，无所不能。我问他什么，他常调侃式回答，没个正经。也许我们年龄差别大，他怕说了我也听不懂"，"他的书法、学识、说话、态度，让人感觉到他非常有追求"。

他会颠覆你对专家的认识，似乎全能全会，不过这也验证了那句老话，天才诞生于"99％的勤奋+1％的灵感"。FAST 工程伊始，要建一个水窖，他看了施工方的设计图纸，迅速标出几处错误，对方非常惊讶：这个搞天文的，怎么还懂土建？

"你以为我是天生什么都懂吗？其实我每天都在学"，南老自陈。在张蜀新的记忆里，他勤奋远多于天分，从没有节假日概念，每天都在思考各种事情。

"都说南老师聪明，但他是我认识的人中最勤奋的。任何节假日拨打他办公室电话，几乎总能听到他低沉的应答声'喂？'"南老朋友、清华大学教授、FAST项目参与者任革学说道。

黄金生认为，说他是天才也对，但更是"天才＋勤奋"。他确实聪明非凡，又非常勤奋、认真、执着，班里不乏非常聪明的同学，但是说起南仁东的"聪明勤奋＋认真执着"，却是没有异议的。

"他一是博览群书，二是过目不忘。有时你也没觉得他在看什么书，他的知识不知道从哪儿来的，就是那种感觉。'文革'时我们躺在东操场野草地上看星星，他就跟我讲这个星星、那个星星，给我普及天文知识，那时我还不知道他懂天文。"

"他一个学无线电的，却报考天文专业研究生，而且很快做到了顶尖。他能真正做到'一旦热爱，就做到最好'。在清华大学时，他就是尖子里的顶尖，如果当初他学的是他原本报考的建筑，那他定会成为一个顶级的建筑学家。也许是老天注定，世上少了一个杰出的建筑学家，却多了一个杰出的天文学家，他是什么都可以做到超一流的人，这种人是很少很少的。"

南仁东知识广博，不仅懂天文，也懂工程；不仅懂理论，也懂实践；不仅懂科学，也懂人文，综合能力超强，总能敏锐捕捉到最重要的因素，这造就了他高人一筹的直觉力与判断力。遇到与别人争执时，结果往往他是对的。这正是他的独特之处，也是他带领FAST走向成功的关键。

采访过他的记者王天挺也认为，"这位极爱面子的老人，一定更愿意因天才构想和艺术成就出名，而不愿被描述成一个'勤勤恳恳、兢兢业业'的劳动模范。但后面这点，他也的的确确做到了"。

他不是简单的"理工男"，人文素养也很高。"他同时拥有精湛的科学理论素养和工科的实践能力，也具备深厚的传统文化底蕴。他深深热爱中国传统文化，同时

南仁东的素描高尔基

又能敞开心扉接受和实践西方的科学、艺术、文化与理念"，任革学谈道。

他绘画水平很高，当年参加清华大学全校绘画大赛，前20名才有资格获奖，他是少数得奖的非专业学生。在通化时，他独自绘就的5米高巨幅毛主席画像，在厂里正式挂出后，个个竖起大拇指。后来去荷兰游学，他用当时身上最后的钱买了纸笔，为人画像，凑够了路费。日本国立天文台现在还挂着他画的富士山油画。

文艺复兴时期的艺术令他极其震撼。有位意大利天文学家欣赏他，邀请他前往，到了意大利他还可以通过画画挣钱，专门去看各种建筑及博物馆。他对米开朗琪罗的《大卫》十分感慨，"人

南仁东的油画

家脚上的血管就像真的一样"。

他去美国出差时，曾只身在旧金山转悠一整天，只为了欣赏建筑的美，还准备了 10 美元以防抢劫，对美的挚爱超越了被劫的恐惧。一位外国天文同行看了他的油画，由衷佩服，还亲昵地抚着他的脑袋说，"你有很多天赋！"

"你看 FAST 多漂亮！"南仁东自己也不无得意。他心里想得多漂亮，FAST 才建得多漂亮。他要求 FAST 的拉索必须用白色，只因觉得好看。FAST 的徽标，也是他自己设计的。

1998 年 3 月，FAST 概念明确提出时，53 岁的南仁东反复酝酿、亲自设计了它的标识：FAST，几个字母变形呈收敛状弧形，意为来自宇宙的无线电信号；外围嵌套两个椭圆，分别代表了 FAST 的 500 米口径和 300 米照明口径。非对称的设计与鲜明的色彩搭配，使这个平面标识充满了立体的灵动之美。

"也许是因为喜欢艺术，他和一般的科学家不太一样，思想不受拘束，很有想象力，经常会冒出很多创新点"，甘恒谦说，他的思维是发散型的，所以能构想出 FAST；支撑 6 座高塔的悬索结构，就是他"异想天开"出来的。就像李政道曾说，科学与艺术是一个硬币的两面，谁也离不开谁。

"我们家有幅他送的油画，他画的意境很好，有很强的美学素养，有一双美的眼睛，能够发现世界的美，还能创造美。'天眼'也说明了，天文和艺术是相通的"，黄金生说。

他绘画有水平，并非仅仅来自天分，还有他的博览群书。他曾坦陈，"我在学校里功课很忙，可我一直没有间断过学画，画册大部分都看过了。这不仅促进了对艺术的了解，而且也加深了对西方、东欧、北欧、南洋、日本等世界各地的地理、历史、风俗等的了解，促进了我对事物的综合认识能力"。

他也爱好音乐，有一把小提琴常年陪伴他，就像爱因斯坦也有小提琴为伴。有人问爱因斯坦，死亡意味着什么？他的回答出人意料，"死亡，就是意味着再也听不到莫扎特的乐曲啦！"音乐天才们努力揭示自然界中万事万物相和谐的神秘性，这也正是理论物理所追求的最高层次的审美境界。"这让人看到南老师作为首席科学家之外的另一面，如果非要在小提琴与 FAST 之间画一个等号，那么联结他们的，应该是自由的灵魂"，中科院的刘瑜写道。

钱学森也学过钢琴、提琴、小号，嗓子也不错，在上海交大时是乐队的圆号手。他说，"难道搞科学的人只需要数据和公式吗？搞科学的人同样需要有灵感，而我的灵感，许多就是从艺术中悟出来的"。

"我觉得美妙的音乐可以比作天堂的声音。每当我沉浸于这美妙的音乐之中时，就仿佛走进了天堂。我觉得音乐会把我们的灵魂带到神奇的世界中去。那里有旖旎的风光，有斑斓的色彩。总之，那美妙的境界，任你怎样夸张都不过分。"

"正是她（妻子蒋英）给我介绍了这些音乐艺术，这些艺术里所包含的诗情画意和对人生的深刻理解，使得我丰富了对世界的认识，学会了艺术的广阔思维方法……"

钱学森的艺术修养还有很深的家学渊源。他的母亲章兰娟，擅长绘画、书法、历史和文学，受母亲影响，钱学森幼年就能背诵唐诗宋词，接触音乐美术，长期的家庭熏陶，赋予他高尚的艺术素养。他的古文基础相当扎实，写得一手漂亮的政论和小品，他的国文老师董鲁安曾预言：钱学森有望成为一个大作家。

他的丹青造诣也是一流，一度对绘画入迷，他作过两幅史前动物生态水墨画挂图，被老师视为精品，长期保留。他大学时曾专门拜师学习国画，并有如此心得："每当观察事物，运笔作画，那景物就融汇在我的心里，彼时，什么事情都忘得一干二净，心里清爽极了。"

大科学家们对灵魂自由、和谐完美的追求，都有相似之处。南仁东连做PPT也要求"完美"，甚至配色也自己调，被项目乙方误以为是请专业公司做的。他有时还"不务正业"，办过服饰潮流美学的讲座。外国天文杂志采访他，他竟给对方讲起了美学。"他对建筑超级热爱，如果他学美术，就是大画家；如果他学建筑，就是建筑学家，这是必然的"，"他想学建筑，却进了无线电系，当时就想退学，别人都不能安慰他，只有自己安慰自己。在天文台，他也被誉为'美学家'，最想讲的是美学"。

"如果说他作为首席科学家和总工程师，定下了大国重器的高度；那么他内心蕴含的艺术修养和哲学家气质，则提升了FAST 的美学意蕴，让它成为科学与艺术结合的典范"，刘瑜说。

"他的绘画、工艺美术、动手能力很强，我们国家产生了一个大天文学家，但牺牲了一个大画家"，黄金生、斯可克都很感慨。其实，FAST 就是一个大的艺术精品，"这事儿还只有他能干，因为他什么都懂，最全面。若换了别人，未必干得这么美、这么漂亮"。

事实上，FAST 实现了科学与艺术的完美交融，正是他建筑水平的集大成之作，也是世界建筑美学的一道绚丽景观。从这个意义上说，他一生最大的成就，正是建筑。

"这是一个美丽的风景，科学风景！"看着 FAST，南老也曾情不自禁地说。

南仁东也有着很深的文学修为，高中时的作文《姥姥》被当作范文，让老师和同学们感动落泪。他给大学同学写的诗《土豆墓铭》，无论是人生高度还是艺术高度，都卓尔不群：

疲哉不觉春，
苦兮秋已深。

匆行几冬雪，

孤影对黄昏。

贱时独善身，

康来回世恩。

平生少乐事，

远去蹒跚人。

他赞颂大窝凼的诗，清新自然，意境高远：

春雨催醒期待的嫩绿，

夏露折射万物的欢歌，

秋风编织出七色锦缎，

冬日播下的生命乐章，

延续着，它的优雅。


大窝凼，大窝凼，

时刻让我们发现，

时刻给我们惊奇。


感官安宁，

万籁无声，

美丽的宇宙太空，

以它的神秘和绚丽，

召唤我们踏过平庸，

进入它无垠的广袤。

文学修养增添了他语言的感染力，"如果将地球生命 36 亿年的历史，压缩为 1 年；那么在这一年中的最后 1 分钟，才诞生了地球文明；而在最后 1 秒钟，人类才摆脱地球的束缚，进入太空无垠的广袤"，说明人类存在的稀有和短暂。

"到目前为止，人类所有射电望远镜接收的能量，还没有从树上跌落一片树叶的能量多"，形象地比喻出射电天文信号的微弱。"射电望远镜就像灵敏的耳朵，在宇宙空间的白噪声中，分辨有意义的无线电信息，这就像分辨雷声中的蝉鸣"。

他在北京大学讲授《射电天文学方法》课程，用的是自编教材，用自己理解的方式，讲起来简明扼要，而非干巴巴地照抄公式，让人觉得味同嚼蜡。他能将艰深的知识讲得通俗易懂，并和学生已有的知识结合，让学生听得津津有味，非常喜欢他的授课风格。

南老师有一次在课堂上提问："小甘，活动星系核有什么

南仁东的讲稿

特点?"他的学生、FAST 运行和发展中心电子与电气工程部主任甘恒谦,当时就用教科书上的话作答,"南老师听了不满意,觉得我回答太啰唆。他用了四个字:'亮、小、蓝、乱',简明扼要。当时我醍醐灌顶,这么多年过去了,一直记忆犹新"。

国家天文台副研究员杨尚斌回忆,"这是我研究生一年级时最喜欢的课,期末考试得了 95 分,我得知成绩的第一感觉是有点对不起南先生,总觉得考 100 分才好。后来我也当了硕士生导师,学生选课时来问我的意见,我强烈建议他选修《射电天文学方法》,得知南老师不再讲这门课,我觉得非常遗憾,因为南老师的课讲得真的很棒!"

他的文才,他的诗才,笔者在采访他的好友黄金生、斯可克时发现,对方居然也不太了解,足见其为人多么低调。他的全才,大概仅能从不同阶段的熟识者那里,拼出一个全图吧。

"他不仅是科研人,更是非常人文的人,是把科学与艺术完美结合的大师",南仁东的传记作者王宏甲赞叹道。文学艺术修为高,有时也体现为超强的直觉。

黄金生回忆起一件趣事,"有一次南仁东到我家串门,说很想看看我 3 岁的儿子,他从没见过。我就带他去幼儿园接我儿子。到了幼儿园教室,隔着玻璃往里看,所有孩子都对着黑板,我们从教室后面看,只能看到后脑勺"。

这时他压低嗓门,用他特有的那种神秘兮兮的语气说,"你等等、你等等,你先别告诉我,让我猜一猜是哪一个"。也就四五秒钟,他说,"靠左边窗户第二排、穿黄衣服的那小子就是"。

南仁东的生活照

　　"一点都没错，简直太神了！我问他怎么看出来的，他说后脑勺跟你一样。其实我们从正后方而非侧面看，根本就看不出后脑勺的什么特点来。也许是他精于绘画，观察与直觉超常吧。后来每次我俩聊起这事，他总是非常扬扬自得，我也觉得实在太好玩，太不可思议了！"

　　"南老师还有一件得意之事：女儿留学后回国找工作，自认为月薪较高，可能上万元，他说也就 1200 元吧。后来，老板真是给 1200 元，他一听心里就乐开了花，逢人就爱讲，炫耀当'预言家'的成就"，任革学回忆起南老的又一"神迹"。尽管他对女儿要求严格，笑脸不多，但不乏风趣与欢乐。

　　这种"好玩"，与"好奇"有紧密联系。"对他来说，大望远镜更像一个巨大、好玩的玩具，地球上的事早就难以满足他，他只是很单纯地，想要看得更加宽广、更加深远"，王天挺在

《南仁东　一眼万年》一文中写道。

他随性不羁，却被一个项目拴住 20 多年，让人很难想象。"他难以想象自己会成为某项重大科学工程的实施者，他是个讨厌负责任的家伙"，王天挺谈道。"好玩"这一点，让人联想到金庸笔下的老顽童周伯通，同样不愿为责任拖累，他们似乎是同一类人。

他的政治智慧，同样不容小觑。同学们回忆，他在 1966 年 6 月，就预感到政治方向的变化，"因为那时毫无征兆，他的话对我们像石破天惊。两个月后，他的政治预判得到证实，可见他敏感到什么程度，他的预断力这么强，太让人吃惊"，"他政治上是真明白，看懂了政治"，斯可克补充道。

就像朱镕基同志曾说的，自己"不懂政治艺术，注定是要遗憾的"，但他并非缺乏政治智慧与担当，而是以极大的勇气推动中国"入世"，推动改革开放，主动为中国作贡献。

南仁东善于观察，对人性、对社会的见解深刻独到。即使对发达国家，那时中外差距很大，他也不迷信盲从，不自卑也不自大。有一次弟弟仁刚问他，"您去过 100 多个国家，感觉哪个最好？""都是一个德性，哪有那么完美"，他的回答出奇地冷静。他很有自知之明，清楚自己热爱的是科学而不是从政，希望为国家干点实在的事。

他有足够的政治智慧，足够的人生修养，终生与俗世保持合理距离，只愿把自己宝贵的时间和生命，全部投入科学追求上，把"政治的归政治，科学的归科学"。

"南叔叔的特质，是穿越时空的，无论什么年代，可能都难以阻止他的天分发挥出来，无法阻止他取得成功。因为他清楚自己追求的，是他真正热爱的科学，外部环境无法完全禁锢他。我觉得他的情商，足够支持他找到这条路"，他的晚辈、黄金生的儿子黄雷说。

"其实，我认为人类历史是由少数人改变的，南叔叔是其中的一个。当然，他如果活得更张扬，我相信他可以同时在几个方向绽放，比如他去写一本哲学书，作为兴趣爱好，也可以做得非常好。有些人就是有这样的能力，在好几个方向同时绽放。"

"他不是一个我们能随随便便看到的人，是几十年甚至上百年才会有的这样一个人，这类人是时代的亮点。就像《人类群星闪耀时》讲的，人类发展史上每过一段时间，就会有特别闪耀的一颗星，在某个方面去塑造世界、改变世界。我觉得在中国历史上，南叔叔应该是其中的一颗星。"

黄雷还认为，"我想一个人之所以能作出成就，主要看这人的底层特质。南叔叔的底层特质：第一，好奇心。他对这个世界有强烈的好奇心，这比一般人强得多。我认为好奇心是一个人有成就的源泉，但今天的很多人是没有好奇心的、很麻木"。

"第二，高智商。当他确定一个方向，想了解更多时，有一套很高明的方法，让他在更短时间内，找到一门学科的精髓，这是他的智商决定的。他的方法，可以在很短时间内，获取一个新领域所有的相关知识，并把它们总结、变成自己的方法论，迅速成为这个行业的专家。"

"第三，坚忍坚毅。他一旦找到方向，可以义无反顾地走下去，拿一生的时间投身一件事。而且他能吃苦，特别勤奋，聪明又勤奋的人，实在少见，他把各种优秀品质集于一身。这也是今天绝大部分中国人不具有的特质。所以，我觉得这些都注定着，他一定是非常出类拔萃的人。"

## 3. 境界高

"有两样东西，人们越是经常持久地对之思索，它们就越是使内心充满常新而日增的惊奇和敬畏：我头顶上的星空和我心中的道德律。"康德所描绘的，应是他这种人：一个仰望星空的哲人，一个悲悯人间的诗人，一个为理想而生、而活、而献身的世人。

德国哲学家黑格尔说，"一个民族注定要有关注天空的人，才会有希望；一个民族只关心脚下的事，注定没有未来"，这话深深扎根于南仁东的灵魂深处。

"这个学生从小就有远大理想抱负"，南仁东的高中老师胡慧说。如同《平凡的世界》中，晓霞对少平说："你跟别人不一样，你不平凡，你是一个有另外世界的人。"少年南仁东的另外世界，浩瀚无边。请静静聆听他的名言警句，可谓"天外之音"：

"人类之所以脱颖而出，从低等生命演化成现在这样，出现了文明，就是有一种对未知探索的精神。"

"地球在宇宙中是一个奇迹，而人类在地球上又是一个奇迹。别说是人，即便是生活在地球上的一只苍蝇，都是奇迹。"

"我们是谁？我们从哪里来？茫茫宇宙中我们真是孤独的吗？

就是地球之外有没有其他的文明社会？茫茫宇宙之间有没有我们人类的同类？"

"人一生下来，就把他的生活紧紧建立在人类几千年创造的文明上，人停止了学习，就无法再称为人了；人不学习就无法受用前人的劳动成果，就无法为下一代更多造福。尤其作为一个青年人，不学习做什么呢？简直想不出一天天如果没有学习，他的生活还有什么内容。"

"我已下了决心，决不做百无聊赖的庸人，不去从俗人之乐中消磨时光。人民用十倍的代价养活我，我要以百倍、千倍的劳动还给人民（如果我们能力允许的话）。"

"生产劳动不能全靠什么兴趣，在人类历史长河中，从事平凡劳动的必然是大多数，而从事创造性劳动的必然是极少数（不包括我）。但是，这些绝不排斥在一般的生产劳动中人可以创造出较大的成绩，不排斥平凡的工作会给人以无限的乐趣与幸福。"

"大脑是用来思考的。路不都在脚下，有时在脑子里。"

"我们 FAST 沿袭了中华民族仰望上苍、观测斗转星移，是这样一个文化传统的延伸。"

"仁东，你用'银冬'作笔名啊？"同学吴学忠好奇地问。南仁东说，"我喜欢冬天大雪过后的银白世界，苍茫、洁白无瑕"。

"形势要求人们有一种奋发图强、力争上游的精神，闲吃懒睡、俗人之乐是与时代不符合的。作为一个年轻人，我一直是把与时代并驾齐驱者、与天下之忧同忧者作为榜样。"

"我逐渐看到了我——一个普通劳动者的前途，我们的'作为',就是指'劳动',就是能尽力为社会创造财富,而把个人悲欢、情趣,置于事业之下。"

"只有一个人失去了理念才会在个人生活上打圈,只有一个人成为百无聊赖的懒汉时,他才会让时间在傻吃茶睡中溜掉,只有一个没有自尊心的碌世庸才才会把青春时光卖给爱情。"

"愈是困难时刻,愈是在不顺利条件下,人的斗志往往会更高。而平静安稳的生活往往使人失去追求。对事业要忠实,对爱情也要忠诚,朝三暮四的人不应该是你。"

"'主动'不单对于我有意义,我今天体会到主动发展对每个年轻人都有利,每个年轻人都要争取主动地全面发展,克服盲目被动。我觉得你身上还有充分的主动权。望你不要损伤它,用以战胜'放弃''逃跑''任其自流'的消极念头——哪怕是一瞬间的。"

"搞教育的人绝不能急功近利,更不能拔苗助长。应放眼长远,能独立思考和独立工作,把为社会服务作为自己人生最高目标,成为终生为祖国和人民无私奉献的人。这个问题特别重要。"

"你像一只自由的雄鹰,没有任何东西可以锁住你的翅膀,你无忧无虑、为所欲为。"

"有句话讲得很好:不要问国家给了你什么,要问自己为国家做了什么。"

"知识分子要靠本领吃饭,不能把靠领导走关系当本事。"

"运气只对有准备的人才有用,我们要做好准备,等待我们的好运气!"

"要正确、准确地认识世界,先要学好数学、物理这些最基本的科学知识，这样才不会被伪科学和异端邪说所迷惑。"

"如果自己诚信，这个世界也不会欺骗你。"

"我这个人比较讲信用，我答应别人的事，我拼命地要做。对工程的责任感、对国家的责任感，压力太大。"

"做科学不能太功利。探索未知世界，就像哥伦布当年出海，一开始他没有什么明确目标，也没有发现新大陆这样的硬任务，但最后获得了巨大回报。"

"FAST 项目也是一样，我们不能现在就想到它会给我们带来什么，但只要我们去干，就会有意想不到的收获。"

"'我们走在大路上。'不要在自己生活的旅途上架设一条又高又窄的栈道，要善于原谅自己，允许自己走好多条道路。"

"哪个人不想把自己培养成为一个具有高尚品质、有尊严、热爱劳动、大公无私的人？又有谁愿意成为游手好闲、好吃懒做的寄生虫？又有谁愿意成为不顾他人、不顾公理、疯狂地执恋于个人生活的庸人俗夫？难道遇到困难的时候就一定要在无聊中取得宽慰吗？据说杜鹃渴死也不喝一口浊水，野鹿饿死也不吃一口苔藓，禽兽尚且如此，何况人乎！"

他鼓励同学择业，曾摘录马克思的《青年在选择职业时的考虑》相送，"在选择职业时，我们应该遵循的主要指针是人类的幸福和我们自身的完美"。"如果我们选择了最能为人类而工作的职业，重担就不能把我们压倒，因为这是为大家作出的牺牲；那时我们所享受的就不是可怜的、有限的、自私的乐趣，我们的幸福将属于千百万人，我们的事业将悄然无声地存在下去，但是它会永远发挥作用，而面对我们的骨灰，高尚的人们将洒下热泪"。

"学忠，让我们共勉吧，将来毕业分配，还不知道能干什么职业，但只要为社会能作贡献，又能提高完善自己，必定是不错的职业。"

寻找外星人，是 FAST 的五大科学目标之一。南老曾设想，人类如果遭遇地外文明，至少有 3 个危险：一是招惹是非，人类文明可能崩溃；二是发生地球文明与外星文明的冲突；三是地球不同国家与民族发生内讧。

同时他也很乐观，"如发现地外生命，要是人类真找到了邻居，或许会结束人类的孤独，从根本上抑制人类的很多劣根性，可更根本地医治人类的贪婪与狂妄。同时，还可以学习人家的长处，解决人类生存发展难题"。

对于地外生命，全世界都关注。拥有无数恒星的银河系，也不过沧海一粟。科学家估算类似的星系，宇宙中多达 2 万亿个。科学家认为，目前有 10 多颗行星与地球相似，可能存在生命。

但现在并没有确凿的证据，UFO 很多都是假的。有生命必有宜居带，必有液态水。有的地外星球，有存在生命的推导，但离人类太远，现在的能源、科技等条件，还无法深入探索。

其实，早在 1960 年，人类就开始了第一次有计划地搜索地外文明。当时利用比较小的射电望远镜，在 21 厘米波段，对 662 颗距地球较近的类太阳恒星进行监测，探索地外文明的无线电波信号，但没有成功。此后，又利用"阿雷西博"望远镜，对 100 光年内的 800 多颗类太阳恒星进行监测，仍一无所获。

1974 年，"阿雷西博"向武仙座球状星团发电报，内容包含太阳系，氢、碳、氮、氧、磷 5 种重要元素，人类生命和人体形态等信息。电报用二进制系列脉冲书写，以每秒 10 个字速度发出，以光速传播，到达目的地需要 2400 年。假设地外文明收到后立即回电，我们也要在 4800 年以后才能收到。

南老是地外生命委员会成员，参与过国际上寻找外星文明的行动，即"凤凰计划"。他认为真的存在地外文明，在中央电视台的《百家讲坛》节目中，他专门做过《寻找地外生命》的报告。他寻找的热衷与认真，完全超出同行的想象。在讨论地外文明时，他非常坚定："我认为肯定有！肯定有！"

这种不容置疑，达到了信仰的程度。他的 FAST 项目，也体现了寻找外星人的梦想，如宗教般虔诚。他的这种

大窝凼的"中国天眼"基地

信仰，也是他坚守 22 年的根本动力。"只有做好准备的文明才能迎接惊喜"，他临终前仍念念不忘。

一位 FAST 参观者回忆，"我们有幸听他现场讲解，无不为他的低调认真折服。他是一位字斟句酌的科学家，对'天眼'是不是为寻找外星人这个问题，他正色答道，是搜索宇宙的生命物质和信号，探索宇宙奥秘。交流过程中他未提一次外星人，平淡而沉静，'呆板'问学，不哗众取宠，不同流俗"。

国家天文台宇宙暗物质与暗能量研究团组首席科学家陈学雷回忆，"有一次，我去找南老师要 FAST 的照片资料。可能他没听清，兴奋地跟我说，他准备了一个特别全的 PPT，可以都拷贝给我，说着就打开电脑。我发现那是他收集的关于寻找外星生命的 PPT 资料。南老师对寻找外星生命充满着热情，他的热情感染了我，让我意识到，寻找外星生命也正像其他科学研究一样，随着技术的进步，也同样有实现的可能，同样值得认真对待！"

"我其实一直有个夙愿，希望他能看一下刘慈欣的《三体》。这本科幻小说，构建了一个宏大完整的世界观，非常自洽。我认为，中国如果有一个人能评价这书，他应该是那个人，可惜我不能如愿"，黄雷不无遗憾地说。

朱博勤说，搜寻地外文明，确实是 FAST 的终极目标之一。至于现在是否尚未收到外星人信号，"不能这么说，或许现在收到的数据存起来了，而我们还没这个知识，或者说还没这个能力、概念去解读这些数据，因为很多不确定的东西存在，只能说现在没找到外星人"。

南仁东既有地球人的眼光，也有宇宙生命的胸怀。"他的高度，是科学的高度、人类的高度、时空的高度。在他眼中，科技进步与社会成就的取得，最后是人类胜出了，而不是一人一姓、一族一国的胜利"，黄金生说。

南仁东卓然独立的思想，对地外文明的执着，体现出独特的魅力与感召力。"你如果和他谈两小时的话，就发觉他是一个不一般的人，比如他对问题的理解深度，对你个人的这种关怀。在那5年最困难的时候，能组织这样一个理想主义的团队，关键是他超高的情商，超常的人格魅力，超强的组织能力，能和那么多人打交道。"

"天文，看不见摸不着，还有人支持他。他虽非院士，但那么多院士围着他转，说明他有能耐，情商与智商同样高。开始FAST开会没钱，差不多85—100位教授都来了，一分钱也没有，只有中午盒饭，仍然干了3—5年。他能把不同人调动起来，影响力、感召力超人。他是科学家，但不够'古怪'，不是书斋里的人，而是社会上的人，他在任何一刻，都会活得很精彩"，朱文白说。

他善于团结人，善于调动资源，在通化时就有先例。当时厂里要搞电视发射机，南仁东想邀请刘绍禹加入，被泼了一盆冷水。刘绍禹的拒绝其实另有隐情，因为当时正值"文革"期间，他与南仁东的派别对立，再加上南仁东时髦前卫的穿着，使他从内心里很反感，平时对南仁东的态度也很一般。但在"正事"面前，南仁东不计前嫌，最后二人联袂请缨，成为研制小组的骨干。

"当时给我印象最深，也是吸引我最后决定加入天文台的，就是南老师对 FAST 工程的介绍，所展现出来的热情和执着，带给了我前所未有的震撼。因为 FAST 吸引着我，南老师的人格魅力吸引着我。""最开始，南老师给我的印象是博学、执着；到后来，我在工作中发现，他更是一个正直、勤劳、认真、仁厚、随性的人"，朱博勤说。

"哥哥是个有民族气节的人，从小到大都坚定自己的理想信念，为了攻克科研难关，克服了许多常人无法承受的压力和困难。""哥哥性格很'古怪'，好强、道德标准高、原则性强，常常语出惊人"，南老的弟弟仁刚说。

他"社会人"的一面，还表现在善于识人。他在通化时认为刘绍禹有研究才能，建议其参与电视机研究；曾给翟所增介绍对象，别人都不看好，后来二人生活得很美满。他让任革学副教授主持一个重要项目，让年仅 29 岁的姚蕊负责馈源舱，不讲资历，姚蕊后来成为 FAST 运行和发展中心机械组组长。特别是他选定让姜鹏接总工，眼光独到，颇有远见。他的情商、眼光、决断，都非常睿智。

FAST 负责人的选择，让他煞费苦心。2015 年他生病后，不得不离开一线，内心很是不安。他嘴上不说，其实一直在暗中观察，谁适合做负责人？他以高度的责任心，从为人、能力等方面认真掂量，在多年跟随他的"元老"与后起之秀之间，反复权衡。

姜鹏与李菂分别于 2009 年和 2012 年加入团队，时间很短，显然属于后生与晚辈。他为了 FAST 长远发展，最后向单位举荐了姜鹏做总工程师、李菂做首席科学家，将自己的担子一分为二。尽管他作出这一选择很不容易，但了解他的人都相信他有远见，有判断力，一定是公道正派，事业为上。

对此，一批早期参与、患难与共、付出很多的"元老"，未必不会有"喜新厌旧"的失落感。他还担心姜鹏拢不住，预先做了一些安排，提前改革管理体制，推动管理层平稳过渡。

姜鹏回忆，"我当初一看到这个项目，第一感觉就是，只有天文学家才想得出来，太神奇、太不可思议了。于是我就跟南老师来了。我想，像我这样到 FAST 团队的不在少数"，这道出了一大批人被感召并加入 FAST 团队的经历，认为此生能参与其中是一种荣幸。

"南先生利他、奉献、有远见，他常说 FAST 是修给下一代的，是中国天文从追随到超越的一次探索"，曾在美国"阿雷西博"天文台工作的李菂，也是受南仁东感召，经过 10 年的等待才加入团队的。

"我们 100 多人的团队，其实 70%—80% 都是刚毕业就来的，都是折服于 FAST 的构想。工程中有太多不如意，太多困难，只有敢于创新，打破固有思维，才可能杀出一条血路。FAST 那么多年，教给我们所有人的，就是这种创新思维，这是不断取得科研突破的动力"，姚蕊说，"我们的创新不会停歇，正在探索可重构的并联机器人，让馈源舱再减轻 1/3"。

创新不是想有就有，好奇心可以说是创新之母。南老能献身FAST，与他的好奇心分不开。吉林作家祝成侠是《放眼星空——

"时代楷模"南仁东》的作者之一，采访介绍了南老大量早期的生活轨迹，她认为，"他最大的特点，是好奇心特别强"。

"南叔叔想了解这个世界的欲望和好奇心，远高于常人，这可能铸就了他的整个世界观。他是一个极为开放的人，他的思想、思维都极为开放，并且对世界抱有极大热忱。我觉得，可能正是这份好奇，让他能找到自己终身从事且热爱的事业，越钻越深，用一辈子的时间不断努力"，黄雷谈道。

"他的特质特别立体、鲜活，他这个人，好像有生生不息的内在活力。他与世界的相关性、咬合性比别人更紧密。因为他有一双好奇的眼睛，一颗好奇的心，去探索这个世界。"

"他不像一个纯科学家。一般我们讲到科学家，好像不食人间烟火，对人文的东西似乎没兴趣，但他不是。他是一个'奇人'，脑子里兼具科学性和人文性，一方面有强烈的科学头脑，用理性、逻辑、科学的方法去解读世界；另一方面他又有一颗很人文的心，一双人文的眼睛，对人好奇，对世界好奇。这样的品质，能够穿越时空。"有好奇，才会探索和追求，如同哥白尼的名言，"人的天职在勇于探索真理"。

这一特质，首先让人联想到爱因斯坦，他在科学、人文、宗教等方面的才能都非常突出，而且对世界充满好奇。爱因斯坦小时候看到罗盘就十分惊讶：为什么那根小针，总指向北边呢？"我没有什么特别的才能，不过喜欢刨根问底地追究问题罢了。""时间空间是什么？别人很小就搞清楚了；我智力发育迟，长大了还没搞清楚，于是一直揣摩，结果钻研得比别人深一些。"

即使到了晚年，还把自己奉献给统一场论。

南老的科学贡献与名声，自然比不上爱因斯坦，但他们是同一类人，都有强烈的好奇心，在幽默达观、人类情怀、宇宙眼光、宗教情感、淡泊名利等方面，乃至留一撮小胡子、拉一把小提琴，都十分相似。

吴学忠回忆，南仁东对犹太民族的教育推崇备至，"他们在孩子放学后回家，第一句问的是，你向老师提出有价值的问题了吗？而不是问今天考试得多少分"。尤其推崇爱因斯坦说的，"提出一个问题比解决一个问题更重要，因为解决一个问题也许仅仅是一个科学上或实验上的技能而已，而提出一个新的问题、新的可能性，必须从新角度去看旧问题，需要有创造性的想象力，进而标志着科学的真正进步"。

"和南老师相识的人，很快就会发现他有一种特殊魅力，但又很难说清楚那是什么。也许这和南老师传奇的人生经历分不开，更与他性格中的自信与谦卑、自律与率性、张扬与内敛、理性与感性、执着与中庸、幽默与严肃、现代与传统的有机结合分不开"，任革学回忆。

"北筑鸟巢迎圣火，南修窝凼落星辰"，FAST奠基石上，刻着他自己写的对联，这是他的家国情怀。大学同学纪念他时，尊其为"理想主义者的典范"。"南老师总说，他是悲观主义者，可我们觉得他是理想主义者"，学生张海燕说。事实上，他身上二者并存，构成他恒久的力量。深刻者才会悲观，悲观透了走向达观，再由幽默转向乐观，在不断轮回循环中，唯理想之火不灭。他时而像堂吉诃德，为理想而生；时而像谭嗣同，为理想而死。

然而，高处不胜寒，他的人生是落寞的，内心是孤独的。"欲将心事付瑶琴。知音少，弦断有谁听。"他喜欢永恒的东西，他的想法经常脱离世俗，有点不食人间烟火，在同事间、在亲友中，他都很"另类"。

"他非常孤独，很难受到安慰，也爱自己一个人玩。他与一般人在学识上差距很大，难以对话，他的幽默、好玩、俏皮，甚至怪诞，不过是排解孤独的手段罢了。孤独难以交流，释放出来，只能以简单方式表达，所以在工人中更俏皮。他有时很直，骂人'蠢货'，特别是别人问一个蠢问题时，他就会怒不可遏，很生气"，弟弟仁刚回忆。

同学黄金生也认为，"他内心肯定孤独，其实科学家多半是孤独的。大学时、年轻时，他天性都很深沉，不是嘻嘻哈哈的性格，也许在世人面前，他不可能苛求理解，所以是幽默风趣、乐天知命的形象"。

"他没有悲观，从不抱怨，从不垂头丧气，从未觉得有过不去的坎，怎么就会不行了。他对生活无所求，从不考虑生活的苦，不考虑好衣服、好房子，这是他与生俱来的品格"，任革学回忆。

"我真的很好奇，是什么力量让他在大山里艰苦的环境下，满身的泥土依然能笑得那么灿烂"，侄女南斯佳回忆。但他的乐观、幽默，不是大街上的乐天派，不是天生的缺心眼，更不是少年不识愁滋味,而是一种大度,一种看开后的升华,是对生活的从不屈服,是一种天然的抗争。

其实,南老自己的话就是注释,"经过重重磨难,我觉得我们应该成为一个只有痛苦而没有忧愁的人。我希望听到你在生活道路上无畏的笑声",这是他 20 岁时写给赵福德的信中说的。

"他怎么都能幸福,会比别人丰富得多,幸福得多,因他心中不为俗事所困","别看他平时说话很风趣,但严肃的时候很深沉,而且非常深思熟虑。我这辈子一说起他,想起他的形象和气质,总喜欢把他和爱因斯坦联系在一起","2015 年,美国科学家发现引力波后,我打电话给他,他说'看来爱因斯坦永远是对的'",黄金生回忆。

爱因斯坦也自称"实在是一个孤独的过客",他的内心世界很少有人理解,便把痛苦咽到肚子里,化作微笑和玩笑。宗教引起美丽而崇高的感情,在他心中与小提琴的演奏一样,和谐而美丽。

"南老师非常好玩,也非常孤独,很难受到安慰。就像很多哲人那样,很孤寂。'永夜沉吟彻骨寒,瑶琴寂寞对谁弹'。80年代苦恼时,他背了很多圣经",任革学回忆。

"他对这个世界的很多想法,未必都表达出来了,未必都被世人知晓,内心是很孤独的。这个世界看不懂他,感受不到他。有时他只能换个角度来表达,比如说幽默",这是黄雷对南叔叔的理解。也许,对于鹤立鸡群的人,排解内心孤独的方式,就是讲笑话吧。

他完全可以不幽默，分分秒秒就可以转换成一个很深刻的人，但他很怕自己的语言不被理解。其实，幽默的前提是深刻，有深刻的洞见，超越了一般，才能够风趣地表达出来，逗人乐一乐。

"幽默的内在根源不是欢乐，而是悲哀；天堂里是没有幽默的"，西方幽默大师马克·吐温自省道。

"幽默是人格、全身心的表现。有柔情、同情、怜情、哀情。即使撩人作笑，也并无恶意和狠心。其为笑也，与泪相联，无存心故意的形迹可求，将使你辨不出是笑的泪还是哭的泪"，郁达夫如是说。

"幽默是冲淡的，郁剔讽刺是尖利的。世事看穿，心有所喜悦，用轻快笔调写出，无所挂碍，不作滥调，不怩怩作道学丑态，不求士大夫之喜誉，不博庸人之欢心，自然幽默"，林语堂的看法，同样十分深刻。

古来圣贤皆寂寞，今世知音实寥落。在亲人眼中，他是家里人；在同事眼中，他是单位人；在国民眼中，他是中国人；也许在他心中，更是地球人，甚至宇宙人。但在我们一般人眼里，看到的往往是那个更"小"的人。

"他为什么要去干这事，不理解"，"他没去世之前，我还觉得他就是一个普通人"，"你这个不起眼的小老头，一个普通人，竟然干了这么大一件不平凡的事，我早该对你刮目相看"，"我眼中的你，跟媒体报道的也有不同，没有那么高大，也不是什么英雄"，妻子及家人说得最多的，就是"不理解"。

"令德唱高言，识曲听其真。"他的想法，世间罕有知音，只好在宇宙中飘荡，也许只有外星人，才能完全听懂。他一生的言行，充满着为民、为国，还有为人类、为宇宙，一个彻底的理想主义者。他的心灵，早已超出了国界，超越了人类，飞出了地界，飞向那广袤的太空……

# 二、痴人

——"亦余心之所善兮，虽九死其犹未悔"

"一个人的梦想能有多大？大到可以直抵苍穹。一个人的梦想能有多久？久到能够穿越一生。"成非常之事，必非常之人。南仁东 22 年只为 FAST 这一件事，可谓经历了"九九八十一难"，依然痴心不改，直到生命尽头。

## 1. 有点"狂"

南老有些"怪"，异于常人，时常做出"出格"之事，有人说他是"疯子"，有人说他是"狂人"。可他的一生，多次把别人眼中的狂想，变成自己手中的现实。他不但仰望星空，还脚踏实地。"狂"也好，"野"也罢，他最终留给世人的印象，还是一个实在的人，能成事的人，能落地的人。特别是在通化人眼里，他是一个能成"大器"的人。所以他的"狂"，不是轻狂，而是超过平均数太多，是一种基于实力的自信。

20 世纪 90 年代初，我国仅有两个 25 米射电望远镜，一个在新疆，另一个在上海。想一步跨过世界最大、美国305米口径的"阿雷西博"望远镜，直接做出500米口径的FAST，这在当时的中国，不是大胆，而是近乎疯狂。无论地质条件、技术条件，还是工程成本，都很难达到。几乎所有业内专家都不看好这个项目，甚至认为是"天方夜谭"。1999年，中科院"FAST预研究"启动，但尚在腹中便饱受攻击，国内外都有很大阻力。

外国人怎么看？"一个连汽车发动机都做不好的国家，怎么能做大射电望远镜？""这是一个野心勃勃的计划"，说这话的，是与南仁东相识多年的荷兰朋友，虽然并无恶意，但也说明了当时国际天文界对中国的印象。朋友的这句坦诚相劝，着实冲击了他的内心，激起他痛彻的反思，也激发了他的斗志。也许汽车出现时，马车是有意见的，如同刚出现网约车，出租车便会反对。

中国人怎么看？1994年，他想建一个200米口径的射电望远镜；到2004年，200米变成了500米。当时即使做到200米口径，不少人就感到"有点夸张"了；500米，这不是"空中楼阁"吗？SKA（平方公里阵列射电望远镜）都需要国际合作来建，FAST却只有中国自己建？老同事也好心告诫：此事风险大，耗时长，没科研成果，得不偿失。

其实，中国最初的想法是，让国际大项目SKA能落户中国。事情缘于1993年，国际无线电科学联盟第24次大会在日本京都召开，计划建造一个"大射电望远镜"，即后来的SKA，中国是7个发起国之一。

当时中国参会的是北京天文台研究员吴盛殷，南仁东得知此事后,就想把项目争取到中国来。1995 年 11 月,以北京天文台为主,还有国内 20 余家大学和科研机构,共同组建了"大型射电望远镜"建设中国推进委员会,由南仁东任主任,并在贵州的大山里选址,争取"筑巢引凤"。

为争取 SKA 落户本国,参与国提出了各种可能的技术路线,主要是"小口径大数量""大口径小数量"两种,前者由荷兰、美国和澳大利亚等倡导,后者由中国和加拿大倡导。

但是,外界释放着 SKA 不看好中国的消息,叶叔华回忆,"我当时觉得,SKA 不可能放在中国,因为西方最希望放在南半球,当然也不希望放在中国,一个社会主义国家,国际上绝对不会把一个最新的东西放在中国"。

1997 年,面对国际的不信任,南仁东与大射电推进委员会意识到,不能只顾争取国际项目,而要有两手准备,他们反复研究决定:中国独立建一个新一代大射电望远镜。当时正是世纪更迭之际,人类即将步入一个新的天文时代,但中国明显落后。

若想改变落后的现状,必须有人站出来,这个人就是南仁东。1998 年 3 月,FAST 概念明确提出,他将这个自建项目命名为"500 米口径球面射电望远镜",英文为 Five-hundred-meter Aperture Spherical radio Telescope,缩写刚好是 FAST,即"快""追赶""跨越""领先"之意,其寓意刚好寄托了中国天文学家的愿望。一个月后,FAST 项目委员会正式成立。

SKA 还没争取到,国内负面、斥责之声不少,说他是个"疯子",妄想做 500 米这么大。当时有个比喻说,南仁东团队像被狼群围剿的小羊，躲在羊圈里安全，但会被人类吃掉；跑出羊圈会被狼撕咬，横竖是"死路一条"。大多数人或许会选择待在羊圈，但他的选择却是跳出"羊圈"，在狼牙下求活路。

国际上也将FAST解读为"野心勃勃的计划"。这一解读也有道理，南仁东就是有雄心。虽然他的重心仍是争取SKA，但不管成与败，他铁了心要在中国建一个大口径射电望远镜，FAST正是"底线"。

若SKA花落中国，"意味着世界多种尖端的先进科技会因应用于此而流向中国，将会开启多学科的未来发展目标"。若是不成，我们自己还有FAST，依然有机会跻身观天前列，甚至实现跨越。

是他故意贪大吗？不是！研究射电天文学，望远镜的确是口径越大越好。因为射电望远镜像个"耳朵"，可以收听太空深处的无线电波。无线电波也是一种电磁辐射，波长跨度非常大，从大约一毫米到一百多公里。口径越大，接收的信号就越多。而且南仁东相信：有的东西确实"大就是美"，比如万里长城、乐山大佛，以及美国国会山四位总统像。

"中国为什么不能做？"他口出"狂言"，骨子里有股不服输的劲儿。尽管他也深知难度，"要做出一个最大的望远镜，必须基于强大的综合国力"。他一生见解深刻，不仅"鉴往"，而且常常"知来"，这来自他的知识面广、实践力强、直觉很好等。他有很强的第六感、判断力，预知了FAST的巨大作用。科学技术必须实事求是，他的感觉有实践与计算的支撑。

他坦陈，"芯片的综合能力，18 个月翻一倍；射电望远镜的灵敏度，大概是 3 年翻一倍，它是服从一种规律的。我们发现在二○一几年，要有一个 500 米左右的望远镜，这对国家决策层是有说服力的。""我不是说最大的设备，一定能出最大的、最精彩的发现，不过它提供了一个机遇。"

可见，支持他大胆设想的，不是拍脑袋，而是敏锐的技术前瞻性，还有那不服输的性格，正是这些让他选择了 FAST，选择了大窝凼，建成后一举站上世界之巅。

他骨子里高傲，但从不自大，经常向"高人"学习，团结各方，整合优势资源，让欧阳自远、陈芳允、王绶琯、叶叔华等诸多"大腕"，都来关注和支持他的项目，吸引一大批人共同参与。

有的专家根据已有理论提出，设备应围绕科学问题设计，FAST 有没有具体的科学目标？南仁东不以为然，又"狂"起来，"FAST 建成后，将比任何现有的望远镜灵敏度都高，性能超过世界上所有别的设备，我不信没有它能做的独特科学！"

其实，他不是看不起理论，而是他自身对理论的认知远超常人，对理论与实验、现实的关系，有更深一层的理解。而 FAST 当前的成果，也验证了他的说法。

"现在世界已发现脉冲星 2600 多颗，估计 FAST 至少能把这个数加倍，并发现旋转更快的脉冲星——夸克星之类的。""脉冲星是天空极端物理现象实验室，因为它有最高的密度、最强的磁场、最大的转动惯量，地面想做这样的实验室是不可能的。"

现在，FAST 已试运行 3 年多、正式运行 5 年，发现的脉冲星每年增长 100 多颗，到 2024 年 11 月已达 1000 多颗，超过全球所有其他仪器观测到的 3 倍；其中包括 170 余颗毫秒脉冲星、120 余颗双星脉冲星、80 颗暗弱的偶发脉冲星；获得迄今最大的快速射电暴样本，并得出其来自磁星的结论，平息了国际争议。快速射电暴在千分之一秒内，可释放太阳一年甚至几年的能量。

"现在 FAST 每个月都有令人震惊的发现，FAST 产出的质量、产出的效率，远远超出了 10 年、20 年前我们最乐观的梦想"，FAST 责任首席科学家李菂坦言。这么多科学新成果，证实了南老的远见。

FAST 的诞生，让人类更加接近五大科学目标：巡视中性氢、探索暗物质、探索暗能量、发现脉冲星、寻找地外文明，当然终极目标是改变人类的宇宙观。

2024 年 9 月 25 日，FAST 落成启用 8 周年之际，在距离 FAST 不到 3 公里的一处山头上，首台 40 米口径射电望远镜正在吊装。国家天文台计划利用 FAST 周围 5 公里内优异的电磁波环境，建设 24 台 40 米口径射电望远镜，与 FAST 组成核心阵。核心阵建成后，将进一步提升 FAST 的灵敏度优势和优良成图能力，聚焦极端致密天体的起源与演化等当前天文学最前沿、最热门的科学问题，从而有望在时域天文、宇宙的成分与演化和引力波暴等领域，抢先取得突破性成果。

德国马克斯·普朗克射电天文学研究所天文学家劳拉·斯皮特勒预测，到 21 世纪 30 年代，FAST 将为人类研究超大质量黑洞碰撞等天文学前沿研究积累大量数据。

南仁东的性格，一旦认定，就甘愿奉献自己，鞠躬尽瘁，死而后已。他念兹在兹的星空梦 FAST，正是"快"的意思。"FAST 就是他的生命，可以为之生、为之死。""如果做不成，我宁愿去死"，即使这是他生气时说的话，也让人无法不相信：那是他的真心话。

抱定坦然赴死的决心，他又怎会在意自己的身体？这才容易理解，他为什么有病不去治，为什么总是从医院"逃走"，让家人很揪心。即使想请专家会诊，他怕耽误时间，也不愿意去。

"从 1993 年到 2005 年，12 年了，他每一天都认为有重要的事。""可是，院士、时间、金钱，这三样，南老师都没有"，国家天文台研究员张承民说。他长期疲惫不堪，终于积劳成疾。虽然，如有院士头衔，可带来看病之利，但他绝不会降志辱身，低三下四去求什么头衔。

"他生病后，担心自己会像患同样病的母亲一样，内心有预感，有一种宿命感"，"他自己有困难也不愿说，到处去撞去碰。他若告诉我们，我们也可帮他找个好医院"，斯可克叹道。

"他两次做手术，都不是在什么'名院'。特别是第二次手术时，破坏了管声音的 8 根神经中的 1 根，伤了他的声带，从此声音变嘶哑了。上海一家医院说能补救，但须开颅，重病后的他经不起折腾，只好放弃了"，朋友们回忆。

FAST"不是能不能做成的问题，而是不论能不能做成，都要竭尽全力去做"，他的同事张蜀新终于明白了，也被感化了，"你坚持到最后一分钟，我跟你坚持到最后一分钟"。

最后，FAST 建成了，并实现了三大自主创新：利用天坑选址、主动变形的反射面、馈源舱的高精度定位；还突破了动光缆、500 兆帕耐疲劳拉索、高效握拔力锚固技术、大跨度索网精度控制等一系列技术难关。比如，使用新技术，FAST 实现了"大""活""轻"，馈源舱重量仅 30 吨，如果用美国"阿雷西博"望远镜的技术，将重达上万吨。

然而，成功的花儿是由血泪浇灌的，"你是一个洒脱的人，可在 FAST 上，你拿得起，却放不下"，"你不惜以命相搏，只为给年轻天文学家留下这观天望宇的利器"，就连南仁东的夫人郭家珍，也是在他逝去后，才痛彻心扉地领悟到。

没有"野"性，没有"狂"劲，恐怕也难有创新。南仁东自始至终都是一位浪漫的冒险家。清华大学"大串联"时，他毫无负担地游遍从广州到天山的大半个中国。"他喜欢冒险。没有这种敢为人先、勇攀高峰的劲头，是不可能干成'天眼'的"，国家天文台前台长严俊说。当然，这种"狂野"，不是凭空产生的。

高考前，北京军校前往吉林招生，希望保送他。这在当时，是人人羡慕的好事。但他想都没想就拒绝了，还放出狠话，"除了清华、北大，我哪都不去"。招生老师一气之下和他打赌，高考过后会再回来，"看看你这么狂，到底能不能上清华、北大"。高考结束后，那个老师真的回来了，却失望地得知，他分数全省最高，如愿以偿地上清华大学了。

大学毕业后在通化工作，南仁东带头搞技术创新。刘绍禹劝他，"搞电视发射机，这不是我们想干就能干的，这不可能！""怎么不可能，半导体收音机，我们不是也干下来了吗?""他做事一丝不苟，做什么，成什么"，在无线电厂仅3年，就做出了"一像三机"的创新成就。当时的他还喜欢出去打狍子，认为惊险刺激才有意思。

"中国人为什么不能做?"从小处说，南老自小在骨子里就很有闯劲儿；从大处说，他志存高远，如东坡所言，"古之立大事者，不惟有超世之才，亦必有坚忍不拔之志"。南老的志气，也让他的传记作家王宏甲感慨不已：

"'怎么不可能?'，成为南仁东一生中最重要的一句话。他的一生，都在'把不可能变成可能'"，"'中国天眼'艰苦卓绝的历程，我以为最大的成功不是哪一项科技创新成就，而是找回'自力更生'的胆魄和精神!'中国天眼'是国之重器，这一精神是更加宝贵的国之重器"，他的学生也说，"建造FAST，似乎不是带领我们观察宇宙，更像是带领我们审视自己的灵魂"。

## 2. 有点"轴"

回头来看，南老最令人难忘的，不是成功后的鲜花和掌声，而是此前经历的重重磨难。他认定FAST，百折不回，选址很难，立项太难，建设更难，调试也难，真是"九九八十一难"。对一般人来讲，有数十次机会、数十个理由可以放弃，但他从不气馁，22年只做一件事，可以说是"古有十年磨一剑，今有廿载铸天眼"。

FAST 代表了中国科技界的"长征"，见证了科学追求，见证了建设战场，还见证了国际博弈场。世人只见其辉煌，但其跋涉的脚印上，有血也有泪。

对比"两弹一星"这项国家行动，FAST 长时间内主要是个人行动，原本应由大家分担的风险、压力，重重压在南仁东一个人的心上，压在他瘦削的肩上。这既有科技体制的原因，也是其个人性格使然。他渴望探寻宇宙奥秘，没想到事情竟这般琐碎烦忧。他不得不准备应对重重困难，不仅有心理准备，还有行动准备。

首先，选址很难。1994 年，中国科学院遥感所专家用遥感技术在贵州捕捉了 3000 多个洼地，一一列出数据参数，选出 391 个坑，其中大坑 100 多个。整整 12 年，南仁东领导的团队对 391 个洼地的地质地貌进行实地考察，他亲自攀登过的大大小小的山头就有 300 来个，并且与多个领域的科学家一道探讨技术可行性，做了充分的"预研究"。

"最初团队只有 5 人，南仁东领衔。选择贵州，不仅因为这里的地貌适合建造大型望远镜，而且是最经济的。这里人烟稀少，5 公里半径之内没有一个乡镇，不需要花太多的钱解决移民搬迁问题"，朱博勤说。

当时的南仁东已年过半百，对那 100 多个大坑，坚持每个都亲自去看，实地考察，一个个"用脚去选"。从 1994 年开始，他几乎踏遍了贵州，特别是贵州南部的山山水水。

"有的荒山野岭，连条小路也没有，当地农民走着都费劲。"

以当时的道路条件，每天最多考察一两个。有时遇上七八十度的陡坡，人就像挂在山腰间。

每看一个大坑，"他的眼睛里都充满兴奋，像发现了新大陆"，时任平塘副县长王佐培说，第一次见到这个天文学家，就很诧异他太能吃苦，始终是最专注、最认真、最坚持的人。

"南仁东啊南仁东，跟你做事就是难"，面对这项艰辛、寂寞的事业，FAST 早期参与者、现中科院遥感所研究员聂跃平，半开玩笑半认真地叹道。南老回应，"你别想跑！是你把我领到贵州深山的"，"要是漏掉最好的，我死了还会在这里转"，"找不到合适的洼地，我这一辈子死不瞑目"。

经过反复考察、比较，南仁东对每个坑的口径、深度、圆不圆、可能的开挖量、有没有矿藏、气候变化等情况，一一了然于胸。最后经过地形地貌、工程地质、水文地质等多学科的探讨，大家给这些大坑"打分"，备选从 300 多个缩减到 80 多个，再到大坨、大窝凼、高务、长冲和尚家冲等 8 个洼地。

最后是大窝凼与尚家冲二选一。尚家冲能放 300 米口径望远镜，而大窝凼可放 500 多米口径的超大望远镜，加之更偏远、更理想的无线电环境，FAST 最后定在了大窝凼。

当年初到大窝凼时，南仁东很兴奋，"这里好圆"。但这里不通水、不通电，也不通路。到了平塘镇后，只有一条弯弯曲曲的小路，每次去考察都要步行 13 公里，走上 3 个半小时。从凼顶下去，也要走近 2 小时，"当时你要爬呀，没有路，你知道吗"，"我每次走到这里，都像下地狱一样，我喘不过气来了"，南老后来接受央视采访时直言。

"有一次下大窝凼时，突然下起瓢泼大雨，眼看山洪就要暴发，他赶紧往嘴里塞了救心丸，连滚带爬回到垭口，全身湿透，坐下来一看，他脚上的鞋裂开一道 5 公分长的口子。我们听得目瞪口呆，吓出一身冷汗，可他对这些艰难一笑而过"，FAST 高工杨清阁说。

聂跃平、郑晓年等回忆，"从大窝凼下行，很陡。那'之'字形路的转弯处，下面几乎是垂直的，一滑下去就完了"，"有一次，正好下着大雨，同事们都劝南老师，年纪这么大了，别去了。但他执意要去，没想到就在他小心翼翼攀爬时，意外发生了。南老师脚下一滑，一下子滚了下去，周围全是悬崖峭壁，幸好有两棵小树挡住了他"。

后来台址勘察时，为了掌握第一手资料，制定正确的危岩治理方案，已经 65 岁的南老和年轻人一起，往几乎没有路的大山里攀爬。在去最陡峭的一个山顶时，大家都劝他在山下等候汇报，他坚持要去，"害"得几个设计院的负责人也不好意思，纷纷跟着爬到山顶，其中一位还穿着西装、皮鞋。艰辛获得的第一手现场资料，为后续的整体设计工作，打下了坚实的基础。

初到凼底，他显得有些不礼貌地问当地人，"这里有洪灾吗?""下雨了会不会有落石滚下来?""天气到底怎么样?"朱博勤说，"最终确定大窝凼，因为这里有难得的自然优势。这个洼地的边上，有一个更低的洼地，且有岩溶暗道相通，暴雨可以向地下渗透，及时流走，这样就不会发生水患，损坏和腐蚀望远镜，观测可以风雨无阻"。

当初在大窝凼，科学家喝的是地表水，过十多天，身上都长了皮疹，异常艰苦。2004年，平塘县筹措了40万元，盖起了120平方米的科考用房，情况才略有改善。南老说，"我们是幸运的，因为我们离不开3400万贵州乡亲们的一路陪伴和支持"。

从1995年用脚丈量土地，到2006年选定地址，整整12年，一直奔忙在给大射电望远镜"安家"的过程中。聂跃平说，"大窝凼我去得多了，有四五十次。南老师也去了二十多次"。

南老在采访中自陈，"我们非常幸运，选到了地球上独一无二、最适合FAST建设的台址"，他的学生岳友岭叹道，"FAST开始寻址时，南老还是满头黑发。12年后，他鬓角、胡子已经斑白，这让我特别触动"。

其次，立项太难。1995年，"大型射电望远镜"建设中国推进委员会设立。1998年4月，FAST项目委员会正式成立。选址初勘结束后，南仁东便开始满中国跑，寻求合作单位，同时做大量预研究。

FAST预研究包括台址开挖、反射面、馈源支撑、测量与控制、接收机与终端多个系统，35个子课题，分别涉及天文、测量、控制、电子学、机械、结构等诸多学科，在国内外皆无任何相关经验可借鉴的前提下，自主研发面临极高的技术风险。

"失败的大科学工程预研究项目，那太多了，全世界到处都有例子，你干了一个大科学工程，风险肯定在那里。干不成，怎么办？还是要干"，南仁东说。

"每年我们都要开一个大射电望远镜的学术年会，那个会开得非常扎实，一般开三四天，80 多位参与者都是自愿参与，或者被南先生的个人魅力感召了，或是被 FAST 这个理想感召了"，朱文白说。

项目当时碰到了一些技术困难，比如馈源系统怎么设计？是否采用主动反射面？如果采用，过于创新且风险较高，谁也没把握将这么多技术集于一起。叶叔华院士说，"当时的技术条件，跟现在是没法比的，他们的工作是非常艰难的；可是在这个艰难的过程中，他们做了各种创新"。

2004 年，项目组在北京密云做了一个 30 米的射电望远镜，1∶15 的 FAST 模型，把各种新技术都试用了，是一个小型的FAST。它包括了四大工艺系统，进行了联调，成功观测了银河系的中性氢，这个模型告诉所有人，FAST 是可行的。

南老回忆，"整个方案演化到今天这样，不是一两个人而是几十个研究所，上百个专家、团队投入这么多科技力量，进行了漫长的预研究"。在射电望远镜项目中，像 FAST 这样的工程预研究实属罕见，它涉及学科的多样、深度以及之间的交叉，相当一部分都是在探寻新路，没有现成经验。从选址到认为预研究方案可行，花了 13 年，满是艰辛。

特别是没有立项，就没有经费支持。南老花国家的钱，比花自家的还要节省。在市内办事，他从不打车，全靠自行车。他出差坐着"咣当"作响的绿皮火车，每次都花 50 多个小时，一趟趟往返于北京和贵州，在当地也是乘公交车。出差时两人住一

南仁东事迹馆的 FAST 项目建议书

间，有时还让学生打地铺。

出国时，有的国家不让男士同住一室，他们还因此遭遇过尴尬。预研究团队有时自带饼干，请吃饭时只让一个人陪。为了省钱，他荣获"铁公鸡"雅号。

聂跃平刚介入项目时，在贵州考察 40 多天，南仁东专门问他"在野外多少天？""问这干吗？""好给你补助"，因为野外补助高一些，南仁东也一五一十地"算计"，不会多给补助。

"我想他咋这么抠门，我在贵州那么辛苦，就几天周末也要抠出来。这时才知道，是因为项目没钱。他还说让我坐飞机是他特批的，而他自己却舍不得花钱，甘愿坐火车"，聂跃平回忆。

当然，经费困难期间也偶有亮点，1995 年初，项目迎来了本年第一个好消息，中科院院长特批了 6 万元。尽管是杯水车薪，但当时大家无比高兴。美国也开始关注此团队，最权威的《科学》杂志以"大跨越"为标题，用大篇幅报道了贵州选址工作，赞美中国天文学家的雄心壮志。

但是总体上讲，因为看不到出路，南仁东身边的人纷纷离去，他几乎成了"光杆司令"，只剩下几位学生帮着支应。那时他"经费也没有，大家都叫他'丐帮帮主'。常人有困难要后退，他不是，一板一眼"。正是这种执着的韧性，长达 13 年的预研究过程中，缺名分、缺经费、缺人员，他都咬牙硬撑了下来。

南仁东 22 岁时就说过，"愈是在困难的时刻，愈是在艰苦的条件下，人的斗志往往就愈强，而平静安稳的生活往往会使人失去追求"，"对生活的打击，人会作出不同的反应，有的蜷曲身躯，任其蹂躏，有的则奋起反抗"，显然他属于后者。

今天回顾 FAST 的创建历程，不少人说，十多年在大山里选址最苦、最难。但为选址跑路最多的聂跃平却说，"吃那些苦都没关系，关键是天文台开始做这个项目时，没有固定经费支持，找经费太难。选址、科研，自己可做的都不难；但审批权不在自己这里，需要审批的事最难"。

"从 1994 年起，摆在我们面前的困难都很现实。第一个大困难就是缺钱。如今的'敢为人先'，当时其实是成败难料。在整个长达 13 年的选址工作中，科研经费仅有区区几十万元。对于一个庞大的'天眼'工程来说，这是什么概念？打印一张彩图，都得去蹭其他课题组的经费"，朱博勤回忆。

"大家一哭穷，南老师就给大家讲理想。天文学发展得好，对我国的基础研究会大有裨益，无论是物理、化学等基础科学，还是材料、工艺、控制等技术学科，都可以得到大力推进。所以南老师常说：'做这个项目是我们天文领域的责任。'那时，我们在他那里只能领取精神食粮，他最常说的第二句话是：'等立项了，我们就有钱了！'"

"其实不仅仅是经费问题。当时整个项目的工程概念、工程结构、支撑技术、变形聚焦形式、质量标准等都没成形，所有的事情都压在他一个人身上。对内，要安抚我们的情绪，给大家鼓劲儿；对外，在国内外各种场合宣传大射电望远镜的中国概念，协调各方支持，尽量争取更多的便利。所以毫不夸张地说，南老师是整个项目的精神支柱。"

南老很羡慕邓稼先那一代科学家，可以专心科研，需要什么，举全国之力支持，那多好啊！"国外项目怎么做？""您知道的呀，大项目是自上而下，找人来做。"如果不必去申请经费，接受任务即可，就是永远不要南仁东这个名字，他也心甘情愿！

"为了推动工程立项，南老师每次去院里汇报项目进展，从未出过任何差错，而且每次都提前一小时到达会场，他担心因为一丁点儿意外而迟到，努力负责的程度超乎想象。""那段时间，经常要写三五千字的项目介绍，要得很急。南老师就和同事一起在办公室，逐字逐句斟酌，常常弄到凌晨。他怕稍有疏漏，影响项目的成败"，岳友岭回忆。

"大量的青春都耗在申请中，耗在各种各样的行政审批中"，"每走一步，都是等待、期望、失望……你爱 FAST，就像恋爱，恋爱十多年了，好像总在爱与失恋中煎熬"，张蜀新感叹。

"可是，还得爱"，"我有等待，但没有失望"，拿出苏打饼干、捂着胃的南老说。大家觉得 FAST 之路，很像中国的百年复兴之路，内有自身困难，外有封锁围堵，满是艰辛。2006 年，SKA 最终把选址定在了澳大利亚和南非，中国最终下定决心自己建 FAST。从 1994 年到 2007 年，"中国天眼"终于成功立项。

立项之初，有人调侃，"老南，亿万富翁啊"，他笑着摇摇头，是"千万负翁，负债的'负'"。科学家立项有个"惯例"，先把预算往小了说，才好通过。FAST 刚开始预算只有 6 亿元，完全不够，他没好意思开口。还是上海天文台的叶叔华院士在一次会议上帮他说，预算是不是不够？后来才有人提议翻一番。

"那时候贵州当地也不了解 FAST 的重要性"，叶叔华说，"我去贵州开会，被邀请题词并将刻在墙上，我题了希望更多年轻人参与 FAST，但他们当时把那行字放在角落里"。

再次，建设更难。为把好事做好，他非常较真，追求完美，建设过程也就艰辛百倍。身为首席科学家和总工程师，南仁东既要仰望星空，更要脚踏实地，把一个科学家团队，硬生生转为工程师团队，其难度可想而知。他既当司令又当兵，一直冲锋在最前线，还自称，"我不是一个战略大师，我是一个战术型的老工人"。

"人是要做一点事情的"，这是他生前常说的话。要干好，豁出去，这是他的习惯。30 岁时他在通化，为了编程，创下了七天七夜没合眼的纪录。FAST 建设期间，他"依旧全年无休，日日操劳，能自己做的事，决不假他人之手"。他事必躬亲，审核FAST 每个方案。每个细节，他都要百分之百肯定的结果。如果没有解决，就一直盯着，任何瑕疵，在他那里都过不了关。

"南老师很聪明、有大智慧，刻苦而且努力，很多同事都知道，南老师工作起来几乎废寝忘食，以前他从来不吃午饭，经常吃点饼干、方便面应付一下就接着工作，因此他还得了胃病，挺长时间才治疗好"，"守时守约已经融入南老师的生活，成为工作习惯，不管是重要场合，还是小范围讨论，他从不迟到、失约"，甘恒谦说。

"做这么大的科学工程，大部分是没有先例的，需要一个核心人物，南老师就是这样的角色。他是技术的核心推动者，是团队中掌握新技术最快的人，从宏观把握到技术细节，都免不了他来操心"，岳友岭回忆。

FAST 选在喀斯特地貌上，借鉴了"阿雷西博"望远镜，外界猜测其技术方案，也源自"阿雷西博"，但事实并非如此。"因为'天眼'的设计比它大得多，这个反射面如果照其方法来做，根本架不起来这么大一个东西，怎么把接收机弄到焦点上？这个是最具风险的了"，南老坦陈。

"FAST 利用了多种创新方案，与'阿雷西博'截然不同，方案里没有一样是复制'阿雷西博'，300 米口径的方法，根本没法原封不动用到 500 米口径望远镜上，几乎是推倒重来"。

"这么深的一个坑，起重机怎么进去？挖掘机怎么进去？运输都是问题。现代建设工具，根本运不到大窝凼。没有现代化设备，装高达 170 多米高的馈源塔时，被迫用比建埃菲尔铁塔还古老的技术，把杆一根一根通过滑轮，用人力把它滑到塔顶上，一点点拼上去，又危险又费力。工人吃饭都不下来，就在塔上吃"，南老曾在访谈中回忆建设之难。

FAST 既体现了中国基建水平的进步，更彰显了中国建筑工人的吃苦耐劳。南老对中国工人那令人难以想象的坚忍与顽强，印象极其深刻，"中国还处在发展阶段，人家很多东西，比我们好得多。但是 FAST，我保证他们绝对干不了，这个事只有中国人能干"。

"不是说他的高科技，我们有很多工人，叫我永远不能忘怀。他们眼睛里根本就没有困难，还有一种协作的团队精神，牺牲个人的精神。"不畏艰难的中国工人，保障了工程进度。

恶劣的现场条件，繁复的建设工作，一直考验着南老和团队，很多问题都是施工中第一次遇到，南老经常充当救火队员的角色。"每一阶段，都会遇到现冒出来的新问题，都是难以预见的，一步一个坎。这么多年，困难总是一个接一个来，必须一个接一个解决。唉，不堪回首"。多年后忆起，达观通透的南老，仍难掩内心的沧桑。

比如，1.6 公里的圈梁安装，显然不能采用半人工方式。为破解这个难题，南老就解决方案与多个施工团队数次碰撞，"圈梁 500 米直径，那钢架子上吨重，没有吊车，怎么办？最后，设计了一个非常好的施工技术，就是建一个墩，往前运一段梁，一段段地运"。极具智慧的中国科学家们，因地制宜设计了一个天马行空的方案，解决了这个难题。

又如，六个馈源支撑塔的塔基，由于地下溶洞多，必须避开容易坍塌的地方。经过十分繁杂的勘察后，再给塔基挖坑。"挖坑是非常难的。在北京挖坑太容易了，在贵州怎么挖呀，这么陡的一个坑，挖掘机怎么进去呀？超重设备怎么进去呀？运输都是问题"，南老接受央视采访时说。

一直负责台址勘察与开挖、馈源支撑塔位置选择的石雅镠，自 2009 年就入驻施工现场，停留了近 2000 个日夜，几乎没有什么时间照顾家里，过于劳累、操心，使得他在工程结束前 7 个月就不幸去世了。

为了赶工期，石雅镠经常推迟或取消返京。最令人唏嘘的是，他错过了 2013 年春的单位体检。2014 年初，他被确诊为肺癌晚期。他的主治医生说，"如果 2013 年春天他能回京参加体检，或许还有机会"。他最早参与项目建设，当时工地条件非常艰苦，水质不好，水里还有臭味，可他并不介意。他被确诊肝部有虫卵，最后因肺癌并发肝腹水、肝衰竭去世。他的主治医生认为，这些并发症与肝部虫卵有关。

石雅镠当初远赴贵州时，女儿只有 2 岁。周末其他孩子都是爸妈带着玩，而自己的女儿总是只有妈妈一人陪伴，每当想起这些，他就心生愧疚。所以他在大窝凼每晚必做的事，就是给女儿打一个电话，听听孩子的声音，也好消解一天的劳累。2014 年回京治病时，他的女儿已经 7 岁。他只能在与病魔斗争的间隙，努力陪一下孩子。在生命的最后时刻，他无法与人交流，只能拉住孩子的手，艰难地露出一点笑容。

石雅镠为人正直，做事踏实认真，深得南仁东的喜爱。因他长年在现场艰苦工作，变得又黑又瘦，被 FAST 人戏称为"索马里海盗"，南仁东亲切地称他"小索"。石雅镠长年熬夜，有一次凌晨两点，还给南仁东发邮件。南仁东收到邮件感慨道，"我看了邮件都想哭"。

石雅镠的故事，是 FAST 人坚韧不拔精神的缩影。他向亲友描述自己的工作，"用几年时间'挖坑'，然后用几年时间'支锅'"，轻松得如同小孩过家家。但是大家知道，FAST工程开挖的每一块泥土，搭建的每一根钢梁，拼接的每一块镜面，背后都有石雅镠们无数不眠之夜的付出。

"从几百米的钢塔、钢架子，一直到螺丝钉，每一个东西上都有想象力，都有FAST人的心血"，南老重病后沙哑、平静的嗓音中，深邃而安详的目光中，陈述着背后多少苦难、多少奉献、多少挚爱……

通化10年的经历，让他不仅懂得多种技术、懂具体操作，而且更懂统筹谋划、分工协作，为他当好总工程师、建好FAST做了关键性铺垫。

从科学家到工程师，从设计者到施工者，从谈脉冲星到谈钱，这个转变多么艰难。许多人一辈子都转不过来，但这没难倒"全才"南仁东。

"他不但懂科学，而且懂技术，他曾经从一个工人，做到工厂负责技术的副厂长。而一般人，不是科学和技术都通"，叶叔华院士说，"我跟他是非常好的朋友，彼此都很信任。他是真正干活的人，既懂天文又懂技术，这种人是不可多得的"。

2010年，FAST经历了一场灾难性的大风险，即索网抗疲劳难题，需要应力幅达到550兆帕，可是市场上的只有300兆帕，只能达到要求的一半。如果钢索做不出来，主动反射面根本无法实现，整个工程就要全面搁浅，项目的可行性受到许多人质疑。

"因为主动反射面太大、太复杂，方案十分冒险。如果索疲劳不解决，对天文口的承诺、对国家的承诺，根本就无法实现，而他又是非常信守承诺的人，所以他的压力特别大"，郑晓年回忆。

"没有现成的，我们就自己搞！"用弹簧方案不可行之后，姜鹏清楚地记得，在空旷的会议室里，南老背着手站在黑板前，盯着那草图，"像一个无助的孩子"，"我当时很难理解，这样的大科学家也会手足无措"。

但他很快就明白南老压力之大，"他寝食难安，天天与我们技术人员沟通，想方设法在工艺、材料等方面寻找解决途径，他背负的责任太重了"。

"那时去他办公室，得戴防毒面具，他抽烟太凶"，"他每天就睡4小时，不是在飞机上就是在车上。有一次去南京，他特别不舒服，我看他头已经冒汗了，就帮他提了一下包。没想到他跟我说，这么多年，他是头一次允许别人帮自己拿东西"。

他1967年就曾和同学说过，"一个人的毅力是有限的，就是顶天立地的英雄，在重重困境窘迫下，也不可能不产生一丝动摇。我在良心上是不能不负责的"。

尽管挫折带来了打击，但放弃、退缩绝不是他的选择。"欠了国家的，乡亲的，那么多大专院校和科研院所，我有退路吗？"65岁的南老，决定亲自上阵，转向钢索的研制。

"我没有退路，每一次做的例行实验，我都要在现场，大家一起，直到这个问题解决了，创造了一个新的钢索"，回想当时的压力，南老在生前的采访中说。

国家天文台原台长严俊说，"他要做的这件事，前无古人。当时摆在他面前的只有一条路：创新。索不能达标，南仁东慌了。那段时间，他每天嘴里都在念叨钢索，有时整晚睡不着，头发蓬乱丛立着，脸也顾不上洗，抽烟抽得厉害，去他办公室呛得睁不开眼。直到后来找到了研制原创新型钢索的方向，他才淡定下来，再也不一天打好几个电话询问实验细节了。创新的左手是希望，右手是痛苦"。

回忆起 10 年前的"索网攻关"，姜鹏记忆犹新，"'天眼'的索网结构，是世界上跨度最大、精度最高、抗疲劳性最强、工作方式最特殊的。要实现反射面变形，对抗疲劳性能的要求极高，现成的钢索实验中都断了。如果这个材料和工艺层面的问题不解决，整个项目就要停滞"。

"我们进行了可能是有史以来最系统、最大规模的索疲劳试验，经过 700 多天、100 多次失败，终于研制出超高耐疲劳钢索，在 200 万次循环加载条件下可达 550 兆帕应力幅，国际上尚无先例，把材料工艺提高到国标的 2.5 倍，最后渡过了大难关。"

"我们现在所用的钢索，应力幅可以达到 550 兆帕、疲劳周期 200 万次，创造了一个新的钢索标准，不是专利，你懂吗？"南老面对采访时疲惫的语气中，隐含着自豪。

近万根钢索织起一张巨网，成为跨度、精度、抗疲劳度世界第一的索网工程，也是世界上第一个采用变形方式的索网体系。这个体系质量达 1300 多吨，共 6670 根主索、2225 个主索节点，以及相同数量的下拉索，共同编织成一张半球形的、朝上的柔

2015 年 2 月 4 日，索网合龙，南仁东在大窝凼施工现场与施工、技术人员合影

性网。

这张金属大网，除了前所未有的工艺外，成本还绝对低廉。其实就索结构来讲，还可用碳纤维，但成本要高很多。南老一直信守一个承诺，要为中国建造一个既灵敏又便宜的射电望远镜。这项自主创新的技术，后来成功应用到港珠澳大桥等重大工程中，让国家和人民受益。

"我太高兴了"，索网成功后，姜鹏难抑自己的喜悦，"但南老师却说，你高兴什么？你什么时候看到我开心过？我评上研究员也才高兴了两分钟。实际上，他是告诉我，作为科学工作者，一定要保持冷静"。

虽然姜鹏后来接任了 FAST 总工程师，但他 2009 年才加入 FAST 团队，"来之前我并不觉得这个项目一定能做得成，各种技术难题都是超乎想象的"，当时信心不足的不止他一个。

光缆达标也很难。FAST 工程需要 5 年抗弯曲疲劳 6.6 万次的光缆，但当时市场上的光缆最高也就 1000 次，相差 60 多倍。经过 FAST 团队与北京邮电大学、武汉烽火通讯公司、北京康宁光缆公司等合作攻关，第一批光缆可弯折 3000 多次。经过 4 年的研发，生产出一种 48 芯的新型可动光缆，超出了 FAST 的需要。如南老所说，"光缆这边我们也充分发挥自己的想象力，通过了10万次的弯折疲劳试验，它的性质毫无变化"，诞生了FAST又一项"黑科技"。

2015年11月25日，南仁东在贵州大窝凼施工现场指导反射面单元拼装工作

此外，反射面也是个"大麻烦"。其弧度近似完美，是精益求精的典范。南老对施工要求不断提高，苛求完善，反射面的误差不断下降，从10毫米、7毫米到3毫米，最后是2.1毫米。一个500米口径的球面，出现一点凹凸不平是正常的，但它竟然被打造成近乎完美的半圆。

反射板用带小洞的结构，雨水可漏掉，阳光可洒入，让"天眼"与大自然融为一体。现在，每一块反射面板都可以转动，可形成300米口径的瞬时抛物面，就像转动的瞳孔，可随时搜寻、汇聚来自任一方向的电磁波，可同时观测19个天区，观测视野远比其他望远镜大得多，这是FAST的独门绝技。

钢索驱动下的反射面板，可变成抛物面，根据观测需要，实时改变角度，馈源舱也随之改变位置，这意味着人类观测太空已不存在任何死角。

"当望远镜的最后一块反射面板铺完，主体工程完工时，我感到非常震撼。""那是2016年7月3日，我就在现场。反射面

南仁东在施工现场

板多达 4450 个，且种类还有 380 多种。我们安装了好几年，终于装完最后一块，望远镜的形状出来了，真是爽快！"FAST 现场办公室副主任李奇生说。

"FAST 宏伟壮观，最震撼人心的是它的精准。它要在如此大的尺度上达到毫米级精准，并在约定时刻内到达"，朱丽春说。没有南仁东，换了别人来建，FAST 恐怕很难这么精准和美观。

精度高一点点，施工难度便会倍增。索网、光缆、反射面等让南老心力交瘁，让他成为团队里最勤奋、最累的那个人。"现在我常常在想，那时的南老师，一定经历了痛苦的心理挣扎和自我革命。如果我们不这么折腾他，是不是他也不会走得这么早？"国家天文台研究员、师弟彭勃有些自责。

"坚持不懈便是天才"，这是南老自己说的。他这 20 多年只做了这一件事，在 8000 多个殚精竭虑的日子里，他带领老中青三代人，从跟踪模仿迈向了集成创新。"他的执着和直率，最让人佩服，担起首席科学家和总工程师各种职责，推动了世界独一无二的项目"，李苪沉浸在回忆中。

国家天文台原台长严俊说，"他大概是我见过的最百折不挠的人。从 1994 年开始选址到 2016 年 FAST 落成，FAST 团队遇到了数不清的大小困难。刚开始项目组缺少人员和经费，大家管他叫'丐帮帮主'；而后因为工程细节和零件厂家死磕，他又得了一个'倔老头儿'的美名"。

他一直在跟自己较劲，特别能承压、能抗压，竭尽所能奉献一切。"这个项目就像是他生命的全部了"，姚蕊回忆。"他对自己要求太高，要吃透工程建设的每个环节"，甘恒谦谈道，"如果再给他一次机会，是选择'天眼'还是多活 10 年，他还是会选择'天眼'"。

"南老师立志要第一个爬上所有塔的塔顶。当时我没有在意，当塔建成后，我陪着他一步一步、一座一座往上爬的时候，真正感受到他对 FAST 的深情。FAST 就像他自己的孩子，他愿意用毕生的心血，去亲手抚摸这个刚刚'诞生的婴儿'。"

"FAST 就像他亲手拉扯大的孩子，他看着它一步一步从设想到概念，从概念到方案，到蓝图，再到活生生的现实，他在用自己的独特方式拥抱'天眼'"，馈源支撑系统副总工李辉回忆。显然，这个杰出孩子每成长一步，都浸透着这位严父、慈父的无数心血，还有满足和欣慰。

FAST 自 2011 年 3 月 25 日正式建设，到 2016 年 9 月 25 日

竣工，历经 5 年半艰苦卓绝的日子，全国近 200 家研究所、院校、企业共 5000 余人参与其中，是我国协同创新、集中力量办大事的生动体现。建成后，我国天文学者不必再看别人的脸色了。

"这个国之重器，也许可说成国之利器，是'苦'出来的"，从选址起就参与的朱博勤说，"前期预研究非常艰苦，常常花大半天时间在泥泞中步行，才能到达荒无人烟的现场，干粮和山泉水是'家常菜'。到了开工建设，就更艰难了。那时没有开通公路，很多器材都是人背马驮运到山谷里的"。

作为甲方，FAST 团队的施工管理任务也极重。南仁东一直是最忙的那一个，除了北京、贵州两头跑，还得监督工程。有时几个施工队、上千人都在凼底，十分拥挤，协调任务也很艰巨。

比如，2015 年 8 月 2 日，主动反射面板如期进入吊装阶段。4450 块面板，每块大面板约 275 千克，每块都由 6 块小面板手工拼装而成。看似简单的拼装、吊装，也是相当讲究的技术活。负责拼装、吊装的是两家单位，每个位置上的面板都不一样。而且那块场地，每次只能放 10 块左右，再多了没地方放。吊装如果跟不上，拼装就得停下来，所以必须密切配合、协调得非常好。

还有资金难题。"FAST 能否保质按期完成，还面临着经费缺口的压力。最难的时候，曾经打过让企业赞助的主意，也想过去银行贷款……但不管面临多少困难，承担多大压力，南老师和团队始终坚持，没有停工。"FAST 最后终于如期完工，正好天，这期间不知有多少道不尽的艰难风险……

"当然最难的是，我们在不断创新，优化方案，精益求精。而每有一项创新，就要牵动全局，修改总体方案。FAST 是一个集测量、控制、力学、电子学、天文、地质等多学科领域的综合性工程，具有极大的技术挑战。"

大家的生活也很艰苦，"初到大窝凼，只能睡在 1.2 米宽的小床上，翻身都很困难，再加上空气潮湿，被子总是湿的。此外，大家还面临着饮水问题，如果在大窝凼连续工作 10 天，身上就开始起疙瘩，非常难受"，姜鹏回忆。

"由于大窝凼的孤绝环境，大型设备运不进来，各个安装方案都是专为 FAST 设计的。整个结构重达 1.3 万吨，运来不易，安装也很困难"，"光是把 33 米长、70 吨重的钢框件，一块块从沿海运到山区，在狭小的坑里吊起、拼合，就是很大的挑战"。

这个庞大的系统工程，每个领域，都有专家提出不同意见。而这位"首席科学家""总工程师"，都得对自己"不懂的"领域做决策。但是，没有哪个环节能难倒他、能蒙住他，因为他不仅是"战术型的老工人"，更是学习最刻苦的人。丰富的知识与阅历，让他直觉超凡，从而能够作出正确的决策。

他从选址、论证、立项到建设，到底吃了多少苦、受了多少委屈，没有人知道，对此他常常一笑而过。在团队面前，他永远像个钢铁硬汉。每当爬坡上坎，如有人搀扶，他会毫不犹豫地拒绝。为 FAST 干活，他身上永远有一股年轻人都少有的"狠劲"。

最后，调试也殊为不易。调试不到一半，南仁东就去世了，在他的精神感召下，FAST 团队连续奋战，以不到国际水平一半的时间，完成了调试。

2017 年 4 月，调试组正式成立，调试面临的挑战不亚于建设。工作分两步：第一步，"能用"，即让 FAST 实现基础"功能"，先能跟踪天文现象。FAST 四大工艺系统——反射面、馈源支撑、测量与控制、接收机与终端，结构清晰，互不干扰，形成了相互间的技术壁垒。这一模式在建设阶段是高效的，但每一系统内都是不同的通信协议；想要实现联调，必须将所有通信协议统一，这相当于把现有系统推倒重做，面临极高技术风险。

经过 3 个月艰苦的修改和测试，望远镜真正运作起来了；4 个月后，系统开始跟踪；半年后，实现了望远镜的基础功能，"能用"了。FAST 团队非常开心，专门跑到一个地方大吃一顿，把半年的压力全部释放掉了。

南老此时正在美国治疗，知道后满是喜悦之情，"我希望后来者兢兢业业，做好望远镜的调整和测试，使它在不久的将来，就会奉献出令世界为之一振的科学成果，这是我们几代人的梦想，希望梦想成真"。

第二步，"好用"，就是提升 FAST 的性能和精度。前一阶段解决了"能不能"的问题，新阶段要解决"准不准"的问题。最难的是，贵州天气阴晴不定，太阳光的直射与否，会影响望远镜反射面金属材料的温度变化，这直接决定接收的精度。要实现馈源接收的高精度指向跟踪，控制系统需要在 0.5 秒内，协调控制馈源支撑和反射面的 2217 根轴，使反射面按照指令变形并调整

到合适的角度，误差需
要控制在毫米级别。

这是极高的要求，
如南老所言："你不要
看鸟巢，鸟巢根本不要
这个精度，温变大就大
点、小就小点；'天眼'
可不行，钢材 100 米，
1 度温变的热胀冷缩是

南仁东介绍 FAST 反射面上的测量靶标

1 毫米，10 度就是 5 公分，50 毫米，这个没法干活。因为望远
镜表面精度的要求是2.5毫米。所以，你必须有一个全新的设计，
才能把这个温变引起的变形找回来。"

为了提升精度，老中青三代科研人员 100 多人，倾注了两年
时光。团队夜以继日，牺牲了节假日和陪伴家人的时间，很多工
作人员多年没有回家过年。远看 FAST 就像一口直径 500 米的大
锅，"锅沿儿"上伫立着 6 个百米高塔，每个塔伸出一条钢索，6
根钢索提着一个形状不规则的白色舱室移动，舱室的下方是由
4450 块三角形面板拼成的"锅面"，而"锅底"还有数千根钢索
织成的索网，用来支撑这口"大锅"和牵引"锅面"运动。让这
个庞大的装置达到毫米级精度，难上加难。"抠精度"的过程，
可谓险、难、繁、重。

调试以来，通信延迟、下雨、大雾、鼠蚁作乱等状况频频
发生，应对这些意外也很伤脑筋。"大家经常卡在某个问题上，

6 个支撑塔示意图

一卡就是一两个月，有时问题解决不了，觉都睡觉不好"，国家天文台正高级工程师孙京海感慨。

例如，FAST 主动反射面的面板之间有 2225 个节点，柔性钢索拉动节点位置运动带动面板运动，形成不同的抛物面，达到反射面能够"跟踪"的效果。每根钢索靠插在大窝凼草丛中的液压杆促动器驱动。工程师张志伟就管理着这 2225 个促动器，他们为了让反射面面板"听话"，在一年多时间里，设计出上千套参数，以应对各种反射面变形需求。现在反射面节点的理论位置和实际位置，误差被控制在了 3 毫米以内。

经过近两年的努力，调试工作全面完成。国际上，大型望远镜的调试周期都是 4 年以上，而 FAST 团队以超过国际和预期的速度，将调试时间压缩了一半。

今天，我们看到的 FAST，"大、巧、强、精"，每个字的实现都殊为不易。比如"巧"，30 吨的馈源舱通过 6 根钢索控制，可以在 140 米高空、206 米的尺度范围内实时定位；"强"能看见更遥远暗弱的天体，它 1 分钟发现的星体，即使把坐标提供给百米口径的射电望远镜，对方也要 9 分钟才能"看见"；"精"，500

米的口径尺度上测量角度精确到 8 角秒。原本 10 毫米的定位精度要求，标准已经很高了，最后竟做到了 3.8 毫米。FAST 这么大的块头，能做到灵巧移动、精准定位、强力观测，着实令人惊叹。

当然，即使精度达标，对 FAST 采集数据的分析同样很难。比如从海量数据里搜索脉冲星的身影，"难就难在尽管世人已知脉冲星发出周期性信号，但并不知道这个周期到底是多少，可能是 0.01 秒、0.011 秒、0.1 秒……"岳友岭说，因此科学家们需要不停地改进算法，为达到"好用"要解决数不清的问题。

"我们不怕折磨，我们能找出问题出在哪儿，就是需要想办法解决"，当岳友岭被追问为什么这么喜欢留在 FAST，孜孜不倦地解决各种"麻烦"，他拍着大腿幸福地重复了三遍："我觉得这个事情特别有意思……就是特别有趣！就是……就是……就是你小时候学过的那些事，现在终于可以自己亲手做了！"

2017 年 10 月 10 日，国家天文台宣布 FAST 发现的脉冲星有 6 颗获得国际认证，这时南仁东逝世还不到一个月。"脉冲星得到认证时你兴奋吗？""怎么会兴奋？是遗憾吧！"这是国家天文台研究人员李志恒的第一反应，语音有些哽咽。"我们探测到第一颗脉冲星候选体时，没有立刻跟南老师说，等到被认证了才告诉他，发出的那封邮件他再也没回过。"

"那个造望远镜的过程，就像怀孕；调试的过程，相当于把这孩子养育成才"，李志恒说。"南老师知道这个孩子会走了，会跑了，但没亲眼看到他拿奖"，李菂的语气中满是遗憾。

　　调试过程中，FAST 团队里这些仰望星空的科学家，感觉自己像小蚂蚁，"做的其实都是很小、很基本的事情"，李志恒说，"做基础工作的人很多，大家像蚂蚁搬家一样，举起块石头都不知道是谁出的力，但少了谁也不行"。

　　"但这些设计、性能和精度不是理所当然的"，姜鹏说。实际上，FAST 各个子系统的研制，几乎都是如履薄冰。从 20 多年前只有南仁东等 5 位科学家，发展到今天 100 人左右、平均年龄 35 岁、能独立自主设计建造大型射电望远镜和同类天线的队伍，前后 4 代科研工作者前赴后继、扎根深山，成为不负当代天文学的"弄潮儿"。当然，这中间最重要的，是领军者的严苛与挑剔，才能做到精益求精。

　　姜鹏说："FAST 之所以成功，完全在南老师，可以说没有他就没有 FAST！"同事们体会最深的，一是他的坚韧，坚持到底，没有这一点，FAST 根本做不成。他认定对的，就坚持到底，除非你彻底说服了他。当然，他一旦发现错了，就会改正调整。

　　二是聪明。如同国家天文台副研究员姚蕊所说，南老师太聪明了，几个月前的事，他记得清清楚楚，全盘复原，就像刚才发生的一样。

　　三是广博。他涉猎非常广。除了大家熟知的建筑、天文外，他对文学、哲学、历史、人文领域，古今中外，无所不通。特别是在通化那 10 年，为他打下了很好的基础。

　　四是创新。他经常异想天开，标新立异，从不按套路出牌，满脑子创新思维。当然，他的所有冒险，都建立在科学研究基础上，十分严谨，绝不是撞大运撞对了。"FAST 创新，可谓同类大项目的第一，许多没有可借鉴参考的对象，许多集成创新，稍微保守一点，就做不成。我们把这种创新称为'创造巨型望远镜的新模式'。由于难度太大，虽然 2011 年正式开工，2013 年还有专家质疑方案。所以，如果没有南老师，肯定做不成功"，姜鹏说。

"你见过医生，必须自己造 CT 机的吗？""他是天文学家，不是造设备的人。他是'医生'，不是造 CT 机的人。可是没有人来造，只好由天文学家来造这个大设备，用全部的生命造好。"南老作为科学家，不得不干起了建筑师、工程师。对此，王宏甲无限感慨。当然，若不是他，集科学与人文情怀于一身，FAST 也不可能造得这么好、这么美。

"追思'中国天眼'艰苦卓绝的历程，我以为最大的成功，不是哪一项科技创新成就，而是找回'自力更生'精神！"对于南老与科学家们的不懈奋斗，王宏甲做了新的诠释。

人类探天的愿望永无止息，正如那首《天眼》歌曲唱的：

> 我先祖无数次仰望星空，
> 动情于你的永恒之美。
> 长夜里　刀刻笔记追随，
> 代代相传　百转千回，
> 以爱情做结尾，
> 向宇宙一声问候，

> 你好吗 来自我的星球。
> 我常常生活在孤独的四周，
> 幸好有繁星伴左右。
> ……

南仁东在人类的天问长河中，一步一血泪地，深深地留下了自己的印记。

## 3. 有点"傻"

怀抱理想，夸父逐日；坚守忠义，秀夫跳海。南仁东的心灵，遨游于太空；在世俗的目光里，他难免显得"呆傻"，少不了吃亏和委屈。然而，世事多彩，造化难料，委屈撑大了格局，成事者未必只靠聪明，而是贵在有恒，正如《射雕英雄传》中，武功大成者并非精明的杨康，而是"呆傻"的郭靖。

在清华大学时，他自修英语，与别人不一样。当年俄语是中国大学的通用外语，很少有人意识到英语的重要。"他写信告诉我，宿舍人多嘈杂，他每天坐公交车时，抱着英语词典，从始发站背到终点站，背会一页撕一页，一天500个，风雨不误"，"回家探亲，一边哄2岁的侄子，一边捧着英语书，侄子尿在他身上，都不知觉"，弟弟仁刚的夫人回忆。

2006年，FAST立项国际评审时，国际专家对他开玩笑说："英文不好不坏，别的没说清楚，但要什么，他说得特别明白。"

外国专家不知道，那口不好不坏的英语，"产地"其实是北京的公交车。

他的眼中，骨气与尊严，比钞票重要。他放弃在日本的高薪回国，人们称赞他爱国，他则坦陈心迹，"你别看他们对我恭恭敬敬的，那骨子里，还是看不起中国人"。

他很佩服老师孟昭英，1947 年抛弃优厚待遇毅然回国，任清华大学物理系教授。在那个极端年代，全家历经风雨，但孟老师绝不低头，忠厚善良，一身正气，是个高人。"文革"后他依然风骨不减，从容不迫，乐于助人，为国奉献。孟老师的为人与风骨，让南仁东很敬佩，对他影响很大。

在同事眼中，南仁东是特别有意思、有个性的人，有棱角，有傲骨，有坚守。天文台里大家都知道，他不喜欢的，就绝不参与。他不求人，不愿妥协，不在乎人际关系，现实里易得罪人。

但在 FAST 项目揭不开锅的日子里，他不求人，聂跃平就得找人。"自认识以来，没见过他为任何事情低过头。但他自己却说，他真是低过头，为了'天眼'立项"，国家天文台研究员、FAST 项目总工艺师王启明回忆。

"我这个书生从来没有求过别人，可现在要争这口气，只能豁出去了"，南老很无奈，四处"化缘"，还干了一些最不能接受的事，比如陪人喝酒。鲜有人知，他内心如何痛苦挣扎，"我们没有退路，只能往前冲，冲不过去，FAST 就是死"。

他极度自尊，十分敏感。他介绍 FAST 时，由于不支持 LA-MOST，受到部分院士及老师的批评，话很重，"当时我就想砸掉杯子，甩手而去，但为了FAST，我还是忍了，甘心受辱，当时甚至想重返日本"，后来他对友人说道。

"能让'恃才自傲'的南仁东讨好别人，说明他在做一件比自尊更重要的事，当年的他，是多么清高脱俗，卓尔不群啊！"吴学忠评价道。他为梦想低过头，最终获得人们仰望。

他的研究生同学魏名智说，"南仁东有思想、有良知，很有人格魅力，因为他真实、幽默、多才多艺，讲义气而且绝不趋炎附势。他看上去不太像'正经八百'的学者，但这正是他的可爱之处：不管男女老少，中国人外国人，都喜欢和他聊天、交流，在这方面他有很强的亲和力和凝聚力，称得上一代英才"。

他无论是做人还是搞科研，都认真执着，从不弄虚作假、溜须拍马，体现了大科学家的风骨。有一次，一个同学邀请他参加一个相互吹捧的研讨会，他直截了当地问："你们那个会，有一句真话没有？"他耻于与不学无术、热衷名利的人为伍，还是抽他的烟、看他的书更舒服。

"他很正派、执着、真诚，喜欢什么，不加掩饰。对一般人，则止于礼貌，表现不出厌恶；但对看不惯的，偶尔发发牢骚，主要集中在两方面：一是工作作风，有人不负责任；二是某些掌权者的廉洁问题"，任革学说。

"他自己受的苦、受的委屈，对他的无礼、对他的不公，他都毫不在乎，对生活从不抱怨；但当别人遭遇不公时，他极度在乎，立刻不满，爱憎特别分明""见到不公，他有时对上也不顾及颜面，一副'我确实不喜欢你、骂你两句怎么了'的气势"，任革学、朱文白感慨。

"他性格有缺点，嘴上爱说，非要出风头，有时语言尖刻，不能柔和一点，还直言过有的院士是饭桶。无非是枪打出头鸟，'木秀于林，风必摧之'，他肯定吃亏"，仁刚一声叹息。

在评选院士的问题上，南仁东切实做到了旷达洒脱。有道义在胸，他不在乎名利，对院士头衔日见淡然。他曾经参加院士评选，第一轮就被淘汰，不过证明了"性格就是命运"。"倔"是他一生的标签，在通化时，他不赞成厂里停产计算机，虽然他是对的，也有远见，但并不招人待见。

他曾是天文"外行",30多岁才入门，居然"一发不可收拾"，赢得国际声望，难免招来一些莫名的"羡慕嫉妒恨"。这时他本该"夹起尾巴做人"，但直性子难改，随时翻脸，甚至有时还骂人，拍桌子吹胡子瞪眼。

面对院士们对FAST的质疑，他有时会直接反驳。有一次在会议上，他与老师起了争执。老师说："你现在想不想申请院士？""院士了不起啊！"老师也让师母暗示他，意思是他需要改变自己。然而，他正是"扶不上墙"的人，若改变了，就不是南仁东了！

2006年前后，天文台有意让他申报院士，他婉言谢绝，"我现在不想为这些事分心，FAST立项是我目前最重要的事"，"发文章和科学重器比，哪个对科技的实质进步更重要？我选择后者"。

人生总是充满戏剧色彩。2017年院士候选中，72岁的南老赫然在列，但候选人的年龄原则上不超过 65 岁。有知情者说，这是送给他的，如果要他低头求人，或做交易，他是不干的。他曾对推荐自己为候选人的院士同事说，"别折腾了，我活不到那一天"。后来果不其然，院士头衔，终究败给了死神……

旁观者清，美国艺术与科学院院士、曾任北京大学天文研究所所长的华裔天文学家林潮也有自己的看法，"天文学研究这个领域比较小，决策的时候自己和单位的利益会成为考量因素，有时会成为科学研究的阻力""这需要借鉴经验，走国际化之路"。

当然，世上没有完美的制度，"因为院士制也会夹杂社会的东西，不全是学术水平的问题了。以他的性格想当院士，根本没有可能"，弟弟仁刚有些悲愤。他这缺点，可用《三国志》对关羽的分析，"善待卒伍而骄于士大夫……以短取败，理数之常也"。

"人必其自爱也，而后人爱诸；人必其自敬也，而后人敬诸"。南仁东等科学家付出的代价，推动了院士制的改革与完善。党的十九届五中全会提出深化院士制度改革，让院士称号进一步回归荣誉性、学术性。在院士评选中要打破论资排辈，杜绝非学术性因素的影响，加强社会监督，维护院士称号的纯洁性。中国科学院第十九次院士大会、中国工程院第十四次院士大会提出："希望广大院士善养浩然正气……传播真理、传播真知，崇德向善、见贤思齐，言为士则、行为世范，提携后学、甘当人梯，在全社会树立良好道德风尚。要发挥院士制度凝才聚智的导向性作用，不拘一格降人才，使院士制度成为引导我国科技创新人才健康成长的强大正能量！"

他对物质要求也不高，甘做盛世苦行僧。一次回老家，他津津有味地吃着丰盛的家宴，"从来没吃过这么好吃的，太羡慕你们了，我就是个苦行僧"。弟弟心疼地问："哥，你又不缺钱，天天在大山里奔波吃苦，值吗？"他放下筷子，连声说："值……值……值……"

南老很低调，FAST 成功之前，没得过什么奖。后来每当评奖时，他都把自己的名字往后放。在申报"中国科学院杰出成就奖"时，他叮嘱国家天文台纪委书记石硕，一定不要提他生病的事，科学奖项应该用实力说话，他不希望评委心生同情。如同他的清华大学同学张国起回忆，"他正直忠厚、纯朴善良、乐于助人，为人低调，从不张扬"。

2008 年，FAST 奠基仪式上，同事没看到他，后来从拍摄的照片里才发现：他倒是在主席台上，但坐在了最后一排。这位立下汗马功劳的老人，这时静悄悄地，躲到了领导和嘉宾的背后。

他"从不贪天之功为己有，沽名钓誉更超出了做人的底线"。假如他见到 FAST 今天的成就，必定会再说一遍："盛名之下，其实难

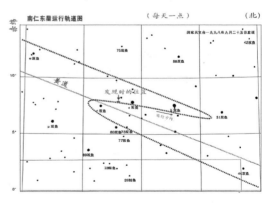

"南仁东星"运行轨道

副。荣誉归全体 FAST 人！"他成就那么大，但从来都把自己看得很小。

"我特别不希望别人记住我"，他对女儿说。他的油画和素描，也从不署名。刚得病时，他就说，"如果有一天我真的不行了，我就躲得远远的，不让你们看见我"，还说要有尊严地死，上呼吸机可以，插管就不必要了。这就是他的性格，希望始终保持做人的尊严。

"他特别在意自己的形象，非常重体面和尊严。他内心强大，只愿以强的一面示人，不愿被看到弱的一面。他选择去美国就医，也是不愿人们看到他躺在病床上"，任革学回忆。

"我走了，你们找不着我了"，南仁东不无伤感。在生命的最后日子里，在至亲的陪伴下，他在美国悄无声息地告别了人间。按照遗愿：丧事从简，不举行追悼仪式。这是一场没有道别的告别……

人到无求品自高。他的一生，只想踏踏实实做点事。他不是完人，不是不懂潜规则，但他蔑视这一切，不去妥协。有一次，张承民告诉他：

"外国朋友也说你不是常人。"

"那是什么？"

"是超人！"

"即使艰难，也还要做；愈艰难，就愈要做……冷笑家的赞成，是在见了成功之后"，鲁迅先生这话，像是对 80 年后的南老说的。

其实，对于不公的"义愤"，南老根本不需要。也许爱因斯坦悼念普朗克的话，更符合南老的个性，"对于一个用伟大的创造性思想造福世界的人来说，后代的褒奖并无什么必要。他自身的成就，已给予他更高的奖赏"。

"我一想起他，他的形象、行为举止、思想品质，包括他的长相、他的小胡子、他的深沉劲儿，就会自然而然地想到爱因斯坦"，黄金生回忆。

是啊，除了那一撮小胡子，还有好奇心，钻研精神，幽默，善良，人类情怀，宇宙思考，看破名利，宗教感情，甚至于艺术爱好，南仁东与爱因斯坦都十分相似。

那种好奇心，正是科学的源泉。比如小爱因斯坦看到罗盘，十分惊讶，为什么那根小针，总指向北边呢？宗教引起美丽而崇高的感情，与小提琴一样，带给人的是和谐与美丽。南老对大到宇宙，小到一片树叶，都充满好奇。

"很多年前，有一次我们去颐和园玩，他随手捡起一片树叶，跟我说它为什么会长成这样，而不是另外的样子？为什么还长得这么美？这是无形的安排，是上苍的安排。大至宇宙天体，小至一片树叶，他都能用科学家的眼光，作出合理的解释，以至说到万物都是神的安排。虽然都是清华同窗，但感觉我们跟他不在一个层次上"，黄金生说。

"又比如水的热胀冷缩规律，与世间万物都不相同，水的密度在4摄氏度的时候最大，高于4摄氏度时，符合常规的热胀冷缩；但当低于4摄氏度时，反而是反常规的热缩冷胀。我们知道水变成冰时，温度降了，但体积却是膨胀的，所以冰块会漂浮在水面上。正是水的这种特性，使得江湖河海的水达到一定深度后，哪怕在严冬季节，冰层下的水也不会全部结成冰，而且冰下面的水还会神奇地保持4摄氏度的温度。所以，冰层下面水中的鱼类，照样还能够自由地生存，不会被冻死。水的这种热缩冷胀的反常规律，就像是上帝对我们人类和万物生灵的特殊眷顾，都是大自然的安排。他对万物都极好奇，非得探问个究竟。"

"他对人类、对生命进化，有另一种诠释，另一种敬畏。他对人的理解与众不同，超越种族，毫无歧视，不认为某个民族更优秀或高人一等"，"有人赶苍蝇，他说你讨厌它，说不定苍蝇也在讨厌你。"

"我们和猴子的DNA，就差不到1%，而我们之间却是千差万别。我们甚至和苹果的DNA也没差多少。我们不知道海豚如何理解哲学，如何感受生活的幸福；更糟糕的是，我们不知道海豚知不知道我们如何理解……看来，在海豚和人类之间，即使我们不是唯一无知的一方，至少我们肯定是无知的一方"，南老想的，总是不同于常人，他总会产生各种各样稀奇古怪的、与众不同的奇思妙想。也正是这些奇思妙想，构成了他对科学无穷无尽的好奇心。

探究到后来，他不得不震撼于大自然本身的造化，就逐渐走向了宗教。任革学回忆说，"南老师跟我谈信仰时，曾数次引用《牛虻》里主人公打破神龛后说的话，'信神，若有神；不信，若无神'，他寻找地外生命，坚信其存在。我理解他的意思是，敲碎了神龛里的偶像后，人的信念胜出了，信念的力量是巨大的"。这个世上，有人"因信而见"，有人"因见而信"，南老属于前者。

仁刚回忆，"仁东宗教著作全读了，与当地老道也谈过，老道认为他无所不通，无所不懂。父亲病时，我跟他聊，'有上帝在吗?''我不好说，但有的不好解释，为何世界的物质形态千差万别，有的小生物那么精彩，进化论也解释不了，感觉到冥冥之中似有主宰'"。

他心中的上帝，并非常人心中的偶像，不是人间奖善罚恶的主宰，更非众人烧香跪拜的神灵。理解南老的宗教情感，可从爱因斯坦那里得到启示。爱因斯坦 12 岁就终止信教了，但他对宗教有很深的领悟，认为宗教回答"为什么"，而不是"是什么"，宗教可分为三阶段：

第一是恐惧宗教，在原始人类那里，唤起宗教观念的主要是对饥饿、野兽、疾病和死亡的恐惧。

第二是道德宗教，这源于社会冲动，所有人都不免会死和犯错。渴望得到引导、爱和支持，便形成了社会或道德上的上帝观。事实上，一切宗教都是以上两种宗教的混合，而且社会生活水平越高，道德宗教就越占主导。

第三是宇宙宗教。前两阶段的上帝，都有拟人化特征，是人格神，只有非凡天才的个人和品质极高的集体，才能大大超越这一层次达到第三阶段，即"宇宙宗教感情"。要向完全没有这种情感的人阐明它是什么，那是非常困难的，特别是因为没有人格化的上帝与之对应。即宇宙宗教里，没有赏罚的人格神，也没有主宰人间的上帝。

真正有宗教信仰的人，会将全部精力，放在对崇高情感、理想和志向的追求上，并从自私的欲望中摆脱出来。正是这种宗教式的、追求崇高真理的强烈情感，推动伟大科学家们无畏前行。

"是的，我信仰宇宙宗教，宇宙的理性就是我的上帝。一切严肃的科学家，都具有这种宇宙宗教感情"，爱因斯坦的话，也是对南仁东宗教信仰的注释。从这个角度看，科学家是最靠近神的人。

"我信仰斯宾诺莎的上帝，他显示于存在事物的有序和谐之中，我不信仰干预人类命运和行为的上帝"，"大自然和思维世界显示出令人惊异的崇高秩序"，"上帝难以捉摸，但不怀恶意"，有一次，居里夫人去看望爱因斯坦，他们在山坡上散步的时候，爱因斯坦曾经有这样的一段对话。这个"上帝"把整个自然界安排得这么有序、这么美妙。

这种宗教感情，就是科学家探索自然规律的坚定信念和高尚情操。如同爱因斯坦说，"科学没有宗教是跛脚的，宗教没有科学是盲目的"，"在思想深邃的科学家中，很难找到一个没有宗教情怀的人"，"科学家痴迷于普遍的因果关系，对自然规律的和谐着迷入神，便表现为宗教情怀"。

宇宙太浩瀚，地球太渺小，人类似微尘，所知似无知。世间万物运行有序，冥冥之中似乎有神奇的力量，在控制万物运行，杨振宁也说，"如果要问有没有一个造物者，那我想是有的，因为整个世界的结构不是偶然的"，"尽管宗教与科学的研究方法不一样，惟两者始终还是殊途同归，目的都是探索大自然的奇妙"。爱因斯坦说，"我想知道上帝是如何设计这个世界的"，大科学家眼中的上帝，是宇宙规律，是自然法则，是人类尚未认知的科学边界。

"宇宙宗教感情是科学研究最有力和最高尚的动机。只有认识到理论科学的开创需要付出巨大的努力甚至是献身，才能领会这样一种感情的力量，只有凭借这种力量才能做出那种远离现实生活的工作。"

在伟大科学家的心中，科学与宗教是相通的。也许，这正是理解南仁东20多年矢志不渝、甘愿献身的一把钥匙。有信仰，才有持久的力量。信仰越坚，力量越强，绵延越久，才不会在俗世中随风倒。南老内心强大，正是源于强大的信仰。他的信仰，与牛顿、爱因斯坦相似，是科学与宗教的统一，并转化为建FAST的第一动力。

也许，从宗教角度，从信仰角度，更能理解他的"痴"，他的"傻"，理解他为"天眼"20多年的献身。媒体说他有"咬定青山不放松"的韧劲、"不破楼兰终不还"的拼劲、"踏平坎坷成大道"的闯劲，他那些非常人之举，离不开强大的内心，更离不开对科学的虔诚追求。

"研究天文学是一件很幸运的事，因为研究目标那么广大。人们常说除了眼前的苟且，还有诗和远方，其实天文学就是远方"，朱文白说。南老心有远方，心有信念，俗世的名利，不过是过眼烟云，从未蒙蔽他的心智，从未成为他生活的重心。

现在谈航天，爱讲宇航员观察到的"全景效应"，即越驶向太空，我们赖以生存的蓝色星球，逐渐就成为越来越小的"暗淡蓝点"，地球和人类在茫茫宇宙中太渺小了，这对宇航员心灵是极大的震撼。南老应是这种有全景感的人，对人世的纷争有宇宙的视角。

所以，人们一方面看到南仁东的百折不挠，另一方面看到他所谓的命运多舛。不过，那种俗世眼里的公与不公，那种身前身后的荣与辱，以南老之智，定会扮个淘气的鬼脸，从星空中嘲讽地俯瞰人类，不时调侃两句，"别吵了，浪费时间，无聊！"在他眼里，人类的一切善行恶行，早已化为令人捧腹的玩笑。

# 三、真人

## ——"洛阳亲友如相问，一片冰心在玉壶"

庄子说，"真者，精诚之至也。不精不诚，不能动人"；莎士比亚讲，"老老实实最能打动人心"。南仁东是性情中人，以本心示人，待人赤忱，留下了无数感动，带来了无尽思念。

### 1. 做人"率真"

自大学时起，他嘴唇上开始留小胡须，像鲁迅？像高尔基？这个特立独行、不随波逐流的形象，伴其一生。他幽默风趣，简单纯真，在人群中总是处于"C 位"，到哪里都有人围着他转，是大家都喜欢的"开心果"。

在通化工友翟芳苏的脑海里，依然是 50 年前青年南仁东的样子，"他一直是一个很特别的人，立领夹克，黄色紧身裤，尖亮皮鞋，留着一撮胡子，什么时候手里都夹着烟卷，像是艺术家；穿上工作服，戴上生产帽，一看就像个底层工人"，"他留长发，爱画漫画，看起来很另类，总被驻厂军代表盯着"。在那个年代，穿戴另类，容易被视为“资产阶级情调”“流里流气”“痞子样”“不正派”。

对这个“貌似坏人的好人”，通化时的工友米光回忆起来，第一句便哽咽难言，泣不成声。“我第一次将他带到家里，遭到父亲痛斥，认为他穿戴‘太特’，不是一路人，并说怎么什么样的人都往家里领呢？”“他虽然裤腿瘦一点、皮鞋尖一点，但绝对是个大好人”。

他的率真随时随地表现出来。1994年夏天，36岁的中科院遥感所的聂跃平，首次在会议室见到因公来访的南仁东，“他穿着裤衩、一双拖鞋，我说这是谁，给我的印象是哪儿来的民工，黑黑的两撇胡子，这哪像个天文台副台长”。

“他可以很讲究，也可以很不讲究。一会儿西装革履，是个‘讲究人’，一会儿穿大裤衩，跟农民没啥区别”，“他出国参加学术会议，很注重形象，要带一箱子衣服去，着装很讲究，很有味道。黑色皮夹克，高档皮鞋，一副墨镜，一套纯白的三件套西装，里面还有马甲，全套的正装，非常现代”，张海燕说。

FAST建设期间，他在工地上随意穿大汗衫，鼻梁上架着近视镜和老花镜。但回到北京后，又变回时髦老人。有时候回学校给研究生上课，他会穿花衬衫，有一次还穿了条很潮的皮裤。直到去世前一年的夏天，71岁的老人穿着汗衫短裤，还向人炫耀，“瞧我这一身名牌”，无论如何你都很难联想到：他是一位公认的科学家。

姜鹏说，“外表上看，他不修边幅，八字胡，个子不高，嗓音浑厚，话有些粗。但他目光凌厉，手往裤兜里一插，很有精神，总是'气场十足'，在人群中一眼就能认出来"，"一看就是'头儿'，甚至有点像土匪头儿。他的人生，充满了调皮、义气、玩世不恭，甚至有些捣蛋。"

他随时能找到乐子，幽默中还伴着恶搞。高中时，有一次他看见两个同学打架，怎么劝也不听。他回到座位，很快画出来一幅漫画：上面有一头驴，脸很长、表情咄咄逼人，很像一位同学，当别人拿给那个同学看时，同学只好苦笑，"仁东啊，你可把我糟蹋了"；还有一只青蛙，肚子鼓得老大，肚皮用线缝合，缝合处还冒着气泡，大家一看就知道是爱生气的同学。这画把两个同学的特点表现得很鲜明，栩栩如生，惹得同学们哄堂大笑。

他单纯阳光，活泼有趣。一有机会，就给朋友、工人们讲笑话，而且自编自演。在通化，他与刘绍禹是"相爱相杀"的好兄弟，时常开玩笑、赌气甚至打架，"南仁东这小子最不是个东西，嘴损脑子快，我跟不上他，但我能打过他"，"我俩的故事很多，说出来都是笑话"。

南仁东像个"顽皮的大孩子"，他把刘绍禹的儿子叫"猪羔儿"，教其吃饭前，学猪"吭吭"叫两声，猪叫也成为他俩的见面礼。他给"猪羔儿"理发，从不一次剃完，而是在上面做各种造型，有时是萝卜、有时一个圆、有时田字格……让家人哭笑不得。这与钱锺书捉弄小女儿钱瑗相似。

在通化的日子让他留恋，"我失去的光阴，不再回来"，"从我离开通化，从我离开祖国，我没有一次感到像在你家吃炒豆芽那么对胃口；没有一分钟的幸福可以和我酷寒的修江堤的日子相比”，这是离开通化10年后，他在日本时写给刘绍禹的。

刘绍禹从没认真对待南仁东的“油腔滑调”，直到从电视上看到FAST横空出世，“这个坏小子”，他终于明白，原来他成天嘻嘻哈哈、说过的“不正经”话，都是真的！

南仁东的一生异常精彩，奇特经历很多，“太有意思了，我太喜欢了”，在姜鹏的回忆中，他讲年轻时的传奇经历，比如串联时跑遍祖国大好河山、去欧洲求学、在日本做客座教授等，其精彩细节让人“如痴如醉”。

比如在荷兰时，一位天文学家出去度假，就邀请南仁东住在自己家里。可是有一次他出门忘了拿钥匙，回来进不了门，就索性翻墙而过。没想到邻居看到后以为是小偷，就叫来了警察。那时他不会荷兰语，英语也不太好，解释不清，就被抓了起来，后来联系上那位天文学家，才被释放。许多故事匪夷所思，大家一开始以为他在讲故事，后来才发现，“能求证的，都是真的”。

虽然他身高也就1.65米，但到世界任何地方，都没有人小看他。当时中国在世界上较落后，中国人易被“看低”，外国人还觉得他是中国人的特例。他却说，中国人到哪儿都过得好，说明中国人勤劳、聪明。

同事回忆，“他有超强、超有趣的灵魂，任何写出来的东西，可能都没有真实的他精彩”。1998年夏天，有一次他只穿一条短裤，骑着自行车在大街上跑，人家以为他不正经。但熟悉的人都知道，他是极为真实的一个人，爱搞笑，没有一丝不好。

他常常正话反说，反话正说，让人摸不着头脑。他问小女儿："今天喜欢吃什么肉？"女儿若答"牛肉"，他必做猪肉；若答"猪肉"，则做牛肉。小女儿学乖了，心里想吃什么就反着说，这次说吃"牛肉"，他爸这次居然做的牛肉，小女儿眨巴着眼睛哭了……

"伯父的幽默很另类，经常讲个小笑话来教训我们这些晚辈，而最另类的当数他的来信"，侄女南斯佳回忆。小时候她是替奶奶读伯父回信的"小信使"，"伯父每次回信时，都会细心地把我不认识的字标注上，有时还会勾勒出有趣的小图，逗得我和奶奶经常笑得前仰后合。奶奶说'其实啊，他就是个孩子'"。

他经常做有趣、搞笑的事。一次出国访问，在禁烟区犯了烟瘾，他开玩笑将"No smoking（禁止吸烟）"，改成"Now smoking（现在吸烟）"，生活中的他，率性幽默，无时不在生活中寻找并享受乐趣。

在荷兰留学期间，他的房东是一位老妇人，性格强悍，赶走了自己丈夫，跟全村人处不来。但南老与她始终相安无事，内心极度宽容，还很佩服她敢与全村人作对的"独立"精神。

评研究员时，他胡子拉碴就进去了，有位老先生问他："你多大了？"他低声答："50多岁了。"临结束时老先生突然发现他才40多岁，爆口道："臭小子你还装大呢！还敢骗我们……"引得大家哄堂大笑。评职称的场合，是很正式的，一般参评人都很紧张，他竟敢跟评委开这种玩笑！

"老南骨子里是个简单快乐的老小孩。据我所知，他从不让学生、同事给他办生日宴。2014 年 2 月我和他在南非开会，当大家一起祝他 70 虚岁生日时，老南还是很高兴的。他不让花费太多，只简单地点了烤鱼、两杯葡萄酒，开心地度过了一个美好的夜晚。临走前，还兴致勃勃地请服务员给我俩合影。事后听几位同事讲，如此一件小事，让老南很高兴，常跟他们讲：'小田在南非请我喝酒！'"他的首个博士生、国家天文台研究员田文武回忆。

这样一个爱美、爱音乐、有趣的老爷子，还是个相当随性的老头儿。他爱抽烟、爱喝可乐，经常往西装口袋里装饼干，过段时间一看，都成饼干末儿了。

"他不是只知念书、死板的人，不像有些书呆子一声不吭、脸板板的，他不拘谨，诙谐幽默，很喜欢卓别林，经常做一些很滑稽的动作。他很喜欢唱歌，虽然唱得不咋样，但爱唱。他也爱跳舞，像芭蕾舞那种，跳起来以后脚掌能击打两次"，同学们回忆。

"他生活上蛮有情调，抓泥鳅、抓蛇，被同学煮来吃了。""'文革'时我们常到圆明园，在荒凉的无人区，到小河沟里捉泥鳅，拿个脸盆到小土堆上架起火煮。有一次他抓了一盆泥鳅放在宿舍里，被工宣队看见了，说这是'小资产阶级思想'，把他训了一顿，他就乖乖地把泥鳅倒掉了，很可惜。这说明他比较温和，不与工宣队对着干。"

即使在"文革"的苦难环境中，他也坦然自得，洒脱率真，依然有人生情趣，与达观洒脱的苏东坡，应是同一类人。他们在性格上儒道释互补，不经意间心灵远离人世，飘向高高的云端，并悲悯地看着人类，不时露出拈花一笑。

大学同学回忆，"'文革'时工宣队进驻学校，因为南仁东的性格，工宣队对他的评价是：资产阶级知识分子的君子味太浓。现在看来，这个评价反而很正面。'君子'一词，差不多可以作为他一生的判词"。

他还有些"怪"，有一次刘绍禹随通化市代表团去日本夏普谈合作，当时身在日本的南仁东帮了大忙。但市领导怀疑他是"经济间谍"，南仁东气冲冲地回到日本天文台，不再理他们了。后来他又写信表示后悔，希望刘绍禹有机会再去日本，他一定好好作陪。

刘绍禹故意说，"你给我路费呀？"这本是一个玩笑，没想到几年后，他真给刘绍禹一些日元，刘绍禹一脸蒙，"我不要，平白无故的，给我钱干啥？"南老却一脸认真，"去日本的路费"。"你都不在日本了，我去干吗？"这让刘绍禹哭笑不得。

陈学雷回忆，2011年在江苏宜兴开会时，大家一起到竹海游览，但走到山顶的观景亭，门锁了。大家看没开门，就在旁边休息、聊天。"这时66岁的南老师来了，只见他看了一眼，就身手矫健地纵身翻过栅栏门，大步走上观景亭二层一览河山，看得我们目瞪口呆！"

他受邀为一位主要首长讲解天文学的经历，也很传奇。到了中南海，秘书叮嘱他，"问啥答啥，不要超过10分钟"。临进门又提醒，"不要乱说话，否则首长的问题可能很难应付"。他自信地说，"放心吧！"首长与他从超新星谈到艺术，最后还谈到哲学、文学，很快两小时过去了。海阔天空后，两人都是少有的愉悦和开心。

随后，首长说："咱们一起去兴隆天文台看看吧。"他不假思索就回答："我们下午还要基金评审。"于是首长吩咐尽快把他送回。下午有专家说："评审会那么重要吗？当然应该陪首长。""我当时只想到下午还要开会"，他心无杂念，就是一个这么纯真的人。

要离开时，首长很认真，要合个影。他不卑不亢，照相时并排，坦然自若，毫无媚态。后来还传出首长请他做家人老师，但他拒绝了。朋友们说，这正体现了他一贯的风骨。他人生的精彩，往往在不经意之间，即兴发挥之中，生动地演绎出来。

当时，FAST还处于艰难时期，他没有求首长帮忙，过后也未写信求助。他做人的边界很清晰，甚至对自己过于苛刻。他很爱颜面，不愿求人，有捷径也不愿走。

但凡真实的，未必那么完美。家人眼中的南仁东，是立体的，"我眼中的你，跟媒体报道的有不同，没有那么高大，也不是什么英雄。你就是我那个有鲜活灵魂，刚正不阿，正直善良，幽默风趣，有个性，有担当，也有许多缺点，把家当客栈，来去匆匆的甩手丈夫"，妻子的倾诉更为多面。

"有一次，家里的门把手松了，你让我修一下，我大为光火，冲你嚷：'那是女人该干的活吗？'你笑嘻嘻地说：'我眼睛看不见！'其实我并不真的怪你。你每每从单位回来，累得像一团烂泥，一头扎在沙发上，不到 5 分钟就昏昏睡去。我哪里忍心再支使你干那些杂七杂八的家务事。"

他声称不爱与学生交流，给他们充分自由，但如果学生个性、有特长、爱"折腾"，他会另眼相待。他给学生发邮件，都自称"老南"，也经常让大家直接这么叫他。大伙儿私下却更爱喊他"老爷子"，他不在乎称谓。学生给他编段子开玩笑，他不但不介意，还自己添油加醋渲染一番，活脱脱一个老顽童。

他的"开心果"性格，又让人想到苏轼，林语堂说，"苏东坡是一个秉性难改的乐天派，是悲天悯人的道德家，是散文家，是新派的画家，是伟大的书法家，是酿酒的实验者，是工程师，是假道学派的反对者，是瑜伽的修炼者，是佛教徒，是士大夫，是皇帝的秘书，是饮酒成性者，是心肠慈悲的法官，是政治上的坚持己见者，是月下漫步者，是诗人，是生性诙谐爱开玩笑的人"。

不管是宋朝还是如今，"苏粉""苏迷"都有很多。当代诗人余光中说，如果让他选一个古代诗人相伴旅行，最想和苏轼同行，因为苏轼的性格是他最喜欢的。甚至有男人说，"让我转世投胎为一个才貌双全的美人，满足我千年等一回的愿望——嫁给苏轼……"

有趣、开心，说来容易做到难。因为幽默来自聪慧，"他文学修养好，语言犀利深刻，见解独到。爱开玩笑，神秘兮兮的样子，每句话都听着轻松，玩笑也让你感觉是真的。大家爱听他聊天，到哪儿都围着他"，黄金生说。

"我 49 岁时做胆囊手术，四五个小时，他一直在手术室外等。手术后几天，我在重症监护室，他再次去看我，面对虚弱的我，他还是那种轻松而又神秘兮兮的语气，说看我浑身插满管子的样子，就像是一个机器人，他用这种幽默的语气来逗我快乐，让我放松。

我从 ICU 转移到普通病房后，他又来看我，这次他跟我促膝长谈了好久，诉说他当时的烦心事儿。我总共就住了十几天的院，他却看了我 3 次，真的是对我心灵的最大慰藉。事情过去快 30 年了，至今想起来，仍感到心中温暖。"

"他的智慧、幽默、好玩，总能让自己处在'C 位'，到哪里他都是中心，每天必为'南一号'"，任革学说。"有一次他去密云的天文台实验室，我和同事钟忠应邀前往。中午时 10 人一起就餐，大家一落座，他瞬间就成了中心人物，妙语连珠，幽默话语博得一阵又一阵的开怀大笑，我亲眼看到、亲耳听到同事们对他是多么地敬重、爱戴和喜欢！午饭后，他还赠钟忠一幅他的油画复印件，钟忠至今还珍藏着"，黄金生回忆。

他语言丰富多彩，语调平和，贴近人心。无论对谁，他都不会盛气凌人。"他的能量等级，明显比一般人高一个层次，一般人是 5，他必是 1"，知友们异口同声地谈道。他在国外也是如此，无论什么场合，都是人们围着他。

上了年纪后，他腿脚不好，如果你去扶他，他会毫不犹豫地说，"滚一边去"，像骂人，一点也不近人情。但对好友来说，这是亲密无间的表现，不会介意。当然，他的真实、他的耿直，未必都让人理解，更不可能人人喜欢。

有时，他的嘴也很损，当场不留情面，但心很善，是典型的"刀子嘴、豆腐心"。往往嘻嘻哈哈中，他一语中的，看到本质，抓到痛处，这不是不友善，而只是一种语言风格。

有趣的灵魂万里挑一。他这一辈子都很"好玩"，孩童般的天真，不时在他身上闪现。FAST 几十米高的圈梁建好了，已经68 岁的南老，非要第一个走上去，甚至在圈梁上奔跑，开心得像个孩子。他忘情而缓慢地跑着，把对 FAST 的热爱，都附着在脚掌与圈梁的每一次触碰上。6 个支撑铁塔每一个建好时，年近七旬的他，总是"第一个爬上去的人"，但他的步伐明显慢了许多。

性情中人，是他一生的又一个标签。他不但会逗人笑，而且会自己哭。大家的回忆中，他有过几次痛哭。男儿有泪不轻弹，但看用心有多深、但看情谊有多真。

33 岁时，他考上中科院研究生，要离开通化。上车后，出乎意料地失声痛哭。送他的两个工友说："他一直哭到锦州沟帮子。"

读研后，他闷闷不乐。2 个月后，他放弃读研回通化了！是舍不得工友，舍不得计算机研究，还是舍不得那个小家？后来厂里、亲友和校方软磨硬泡，他最终被"逼"返校。候车时，刘绍禹赶往车站，两人相见，放声大哭，还惊动了值班警察……

"如果再有一次机会，我绝不会选择今天的路。"80 年代末他写的那封已发黄的书信，依然坦陈他对青春美好的怀恋，难掩他对艰难时世的彷徨，这时他与东北"革命伙伴们"已分别 10 年。

60 岁时，FAST 项目难关重重。一天夜里，张承民推开他的办公室，看到他坐在地上，抱头痛哭，哭声非常压抑。"我可以退休了，没关系，可是我这些学生，他们怎么办？""在这个满地都是黄金的年代，我这些学生在看星星……他们跟我跑山沟，做的这些跟现在的经济环境格格不入。他们怎么办？""参加预研究的，还有那么多专家，怎么办？"

71 岁时，2016 年 9 月 24 日，落成典礼前一天，小车把重病的他带到"天眼"前。他戴上安全帽，一步步庄重地向前走去。大家完全没想到他说，"你们就送到这里，让我自己过去看"。"我们陪你"，他平静地摆摆手……

在高高的圈梁上，看到火红的夕阳，映照在巨大的反射面上，闪出万道金光，他早已泪流满面；俯身下看，一串串泪珠，洒在"天眼"的小草上……落成典礼当晚，满天繁星。他在观测系统前看到深夜，张承民等都不忍劝他走。

袁宏道说："当其为童子也，不知有趣，然而无往而非趣也。"南仁东的泪与笑，源于天然，发乎本心，都刻在身边人的脑海里。


## 2. 做事"认真"

他既是科学家，也是工程师；既是战略家，也是"战术型老工人"。他能成事，好像能者无所不能，这是他一生的突出特点。他干什么都很较真，争取做到极致。FAST 被建成了艺术精品，正是他一生追求完美的"集大成"之作。

建设 FAST 时，他太严谨，太求完美，眼里容不下"沙子"，容不得一点缺陷，每个技术细节，都要做到百分之百的确定，任何瑕疵都不会放过。平常，他对同事和学生，都很随和，平易近人，跟谁都像好几十年的老友一般，可以互开玩笑，敞开心扉；但对工作要求极严，对不够认真的人，批评很凶，毫不留情面，脾气"坏"得很。

有一次，测试小组拿着一个仿真实验方案向他汇报，"一上来，就先问我 3 个问题：'多大尺度？''在哪进行？''阻尼多少？'结果我一个都没答上来，他当即严厉批评"，李辉记忆犹新，"每当这时，他就板起面孔，冷得让人不敢看他，让我们不敢有半点懒惰和马虎"。

他一生动手能力非常强，也源于追求完美的性格。在通化时，他曾对弟弟说，"我看不惯那些以应付心态去工作的人"。一次，他让一名车工干个小件，结果与他的要求相去甚远。于是，他自己动手，干出来连那名车工都说好。

"刚与他一起工作时，感觉他很严肃。时间久了就觉得他很随和，尤其面对来天文台的新人特别有耐心；对我们工作中遇到的问题，无论什么时间、什么地点、多么简单，他都事无巨细、详细耐心地解答"，朱博勤说。

学生眼中的他，"很少表扬，会挑毛病，直接批评你……起初，我们都不适应，但批评完，他会教你""非常严厉，工作上有做不好的地方就会批评。但是，他总是在背后夸学生和同事们的优点，也尽力在事业上帮助大家"，"跟他汇报前，要充分准备。被问住，挺尴尬的。你出错，没关系；你不认真，他不能容忍"，"有的年轻人见到他就害怕，神经紧张"。

任革学也说，南老师虽说在多数事情上非常宽容，"但他对工作不努力、不认真，则非常厌恶反感。如果他觉得你有做得不对的地方，会非常明确地表达这一点，甚至是一针见血，尖刻异常"。

王天挺也写道，"他太过完美主义，什么都想做到最顶尖；他同时又是一位悲观主义者，总觉得有数不清的麻烦要解决，经常为别人夸大困难，担忧、低估他人的能力，总觉得别人没他聪明，谁都看不上，专爱挑刺，真不好伺候"。

他对工程设计近乎苛求。2014年底索网系统安装第一根索后，他发现索上悬挂的窗帘机构比之前的设计超重，将影响到馈源舱位置和姿态的控制精度。他立即叫停安装，进行再优化设计。大年初六，春节假期未完，他就组织技术人员大干3天，消除了所有隐患，确保了馈源舱的控制精度。

建设那么难，许多麻烦是他"自找"的，每项技术、每个环节他都亲自过问。不懂岩土工程的他，用了1个月埋头学习，对每一张图纸都仔细审核、反复计算。

索网攻关时，南老很在意钢索在哪里断了，他会亲眼查看几乎每一个断口，在索工艺的涂层和柔性优化上，继续一次次实验。"几乎每次失败后，他都亲临现场，沟通改进措施"，姜鹏说，"我从南老师那里学到的最重要的东西，就是做事要务实、精准、分毫不差。现在我们团队都在秉持着这种精神"。

建6个馈源塔，他特别要求等距，但在大窝凼四周的陡峭山间，找到支撑塔基的缓坡，却是难上加难。同事们都劝他："南老师，找到差不多的就行了，这几个塔，未必太对称吧。"南老很坚定地说："不行！6个塔一定要均匀分布，不然不美观！"为求最好，他不惜返工。虽然有点"偏执"，但正因为执着，FAST才如此光彩夺目，成为最美的科学风景。

太认真，就放心不下。即使到了70岁，他还常往工地上跑。"为了一个地铆项目的误差，在盛夏闷热的午后，他放下筷子就跑到工地，生怕技术人员的测量有问题"，中国电子科技集团邢成辉回忆。

2015年11月，手术后的他又回到大窝凼，检查工作时的认真程度，丝毫不亚于病前。

"他在生活、工作中对自己很严格，做什么事情都非常守时。比如去院里汇报'天眼'或其他课题，从来都是至少提前1小时赶到，从未出过任何差错，认真负责的程度超乎想象"，甘恒谦、岳友岭等回忆。

"他是时刻把工作装在心里的人，严谨、认真、竭尽全力，他用每一个行动，深深影响着每个人，让我们不知不觉地在每项工作中，也要求自己像他一样，一丝不苟、全力以赴"，朱博勤写道。

姜鹏说："就执着来讲，南老师不是一般人比得了的。他对自己要求极高。我觉得是这个时代非常缺少的一种精神。"FAST

常务副经理郑晓年说："我始终觉得，老爷子还是在天上看着我们。我们把望远镜做好了，他会越来越欣慰。"朱文白感叹："南老师虽然不在了，但南老师严谨的治学态度，在 FAST 这个团队中还在传承。"

这种传承，直接体现在调试工作上，FAST 项目组的认真、严谨、奉献等基因，产生了积极效果。南老过世后，调试组副组长甘恒谦给他写"信"说："调试到这个节点上，现在最想听您的评论，哪怕只有一句话也可以。也可能我只是想念您的声音。以往跟您在一起时，都是您说我听。今天我说的这点儿话，也就 1KB 多点儿。您一定也有很多话想对我们说吧，我不知道 FAST 从太空接收的 5PB 数据里，会不会有您惯常的声音。如果有的话，我们一定不会错过……"只言片语，哀思难抑，让人动容。

"调试关键期，出现一次报警，大家急坏了。同志们关在烤箱一样的馈源舱里，不管白天酷热难耐，也不顾天黑升舱的安全风险，忙活了七八个小时，有人还中暑了，可谁也没有怨言，直到最终排除了故障"，调试组成员郑云勇说，"那一刻我明白了，这就是咱们 FAST 人的精神，是南老师留给大家的财富！"

南仁东不但完成了 FAST 这种大事，还经常成"小事"，最典型的是让一位工友"由邪转正"，改变了他的人生。现在年近七旬的翟所增，到通化厂里工作时只有 18 岁，被称为"翟小子"，他每天想的都是玩和野，很有可能误入歧途，是南老改变了他的一生，引他走向正途。"没有南仁东，就没有我的今天"，"大哥无论从事业上，还是生活上，都对我帮助很大，就连我媳妇都是大哥帮我说成的"。

1978 年南仁东离开工厂时，还和厂领导商量，以看护房子的名义让"翟小子"夫妻第一次住进楼房。"南大哥是我的再生父母，他给了我不一样的人生"，"没有人比我从他那里得到的更多，我这一生是在他的庇护下，才走到今天"。

"2015 年，我给他打电话时，他声音是哑的。我问怎么了，他只说是感冒，叫我不要担心。没过几天，给我邮来一个大箱子，是给我买的好几套衣服和几双皮鞋。他当时身体那么差，心里还在想着别人"，翟所增欲哭无泪。

"他不仅才华横溢，还特别重义气"，通化无线电厂同事张凤桐说，"有一年元旦我值班，他见我就说，你回家吧，家里 3 个孩子等着呢，我今天没事，就替你值吧"。张凤桐的爱人病了，要从北京买药，托别人买时却忘了，便写信给南仁东。从京返乡的南老连家都没回，就直接到张凤桐家把药送到，并说"给大嫂治病的事，绝不能忘"。

"他还是个不唯上只唯实的人，一次厂长开大会，决定增产收音机、减产计算机。只有他反对，认为计算机对国计民生意义更深远，应该放眼长远、着眼大局"，"只有他讲实话，不怕得罪领导"，通化的同事回忆。

爱因斯坦曾说，"我从未试图在任何场合取悦别人"。南老也是一生耿直，这种性格"文革"时为什么还安然无恙？"第一，他没有利益关系，别人可能去争利益、争地位，他从来不争的。第二，他对人永远都是温和的，不激烈的，说出的话都很诙谐幽默","即使表达政治观点,他也是一种很婉转、很温和、很机智的语调,跟你聊天漫谈式的。况且他对政治是真明白,即使对方观点不一致,他从来都是说理,不会针锋相对,更不会骂人或大喊大叫",他的好友们说。

他"文革"时给同学的信中,也表达了他的为人和处世态度,"(你)和同志要搞好关系,在交往中要以忍字当头,放宽胸怀度量。对师傅要虚心,有什么疑问不要忙于发表,和一般人相处就需要这样装疯卖傻,麻木乐观,也许这就是联系群众,有劳动大众感情吧"。

很多人看南仁东画画好,便向他索要,他总是有求必应。有朋友新婚或搬家,他知道后,都会主动送一张自己的得意之作。他画画从不署名,还说不想让别人记住。但南老这一不想被人记住的愿望,却无法实现了,被采访的所有人,都对他记忆犹新,仿佛昨日。

他的认真,还体现在公私分明,甚至"损私肥公"。任北京天文台副台长时,常有国外同行来访,或国内伙伴来谈合作,他都以个人名义接待。家人不解,"为什么公事还要个人安排?"他说,这些人都是因为我在这里才来,我不在他们不来,所以应该我接待。

圣人以道德为心,不以富贵为志。"他是一位极端的道德主义者,说他内心有一种自律的洁癖一点也不过分,他从不愿占任何便宜,尤其是公家的,讨厌任何过度接待"。FAST立项时遇到阻碍,他也坚守自我,绝不涉足旁门左道。

南老做人底线很高，律己如同物理定律般严谨。一次，有一个合作方请他讲课，食宿标准高了点，他当时就让人更正，对方稍有迟疑，他马上说："不然我就'玩消失'。"

他与清华大学课题组密切合作的六七年里，去学校很多次，从未让校方请吃过一顿饭。有次他带人到清华大学参观，自己请客，有时也让部下代他请，自己多数时候不参加。

FAST 建设过程中，他不介入采购，反对以此牟利。他主管技术，要求质量第一，对质量把关很严，看到不负责的，就很生气。有的工作人员态度不端，刻意为关系户说情，甚至"比乙方还乙方"，他急了就骂人。有位领导来帮别人要工程项目，他还是坚持两条原则：质量必须过关，工程金额不增加，气得那位领导拂袖而去。

斯可克谈道，"他特别让我感动的，是他对我说'他做人是有底线的'。人家给的红包，他绝对不要；好友同事送点一般礼品，他都'对等'回赠"，"他做生意不行，他怕别人亏"，"他不想做买卖，不喜欢交易，认为有点肮脏"。

"他的为人，真的是廉洁如纯水，一尘不染。工程上，大量的钱都需要他技术把关，任何人送钱送物，他都拒绝和退回。他的行事作风让我们肃然起敬！""说他廉洁好像还不准确，是人格上有洁癖"，同事们回忆。

他遵从内心，非常真诚，从不苟且，是科学家求真灵魂的体现。他工作要求很严，脾气不算太好，有时固执己见，说翻脸就翻脸，但并不专横，重要技术决策都充分听取他人的意见。他特别容易发现别人的技术闪光点，常常鼓励大家发散思维和头脑风暴，"FAST 这样的工程，需要这样的智慧"。

有一次，索驱动负责人潘高峰因台址地形图是否要换个新的，与南老起了"争执"，"我从楼下追到楼上，因为急，说话有些冲"，南老耐心听完后，还是采纳了他的意见。"只要你能解释通，他会很虚心听取并接受你的意见，从不会把这些争执放在心上。"

为了避免下雨积水，淹没 FAST 底部设备，朱博勤等建议修排水设施。南老一开始不同意，还发脾气，"你们就不考虑钱！"每次他一生气，就自己走开。他不过想节约开支，并反复考察可否用凼底的天然消水洞来排水。经过反复论证，为确保万无一失，他最终决定修排水隧道。

他性格直爽，对上对下都爱直言，也乐于听取不同的意见。他曾给 FAST 项目应聘者刘娜回信，"这里不是公司，没有老板，不要什么都'Yes'，要大胆地答'No'。不要不懂装懂，人不可能什么都会，那样什么也干不好。这里每个人都是学生。我也每天都在学习。我不懂的事会问学生，让学生帮我。我更重视工作态度，看敬业精神，看是否不断进步"。

北京天文台每个人都知道他的性格，好强、道德要求高。FAST 评审会的钱，他从来不拿；大学科普讲座，尽量与学生会联系，以拒绝酬劳。"我有钱，一点不缺钱"，他靠自己的能力，靠天文学才华，出国后也常挣几万美元回来，他对钱的态度非常超脱。多年来，他在贵州支持了上百个希望工程。最后誉满天下，但他去美国看病都是自费的。

国家天文台研究员张晓宇回忆，"因为专业相隔较远，我只能从别人那里勾勒出南老师的轮廓：

他很幽默——黑色幽默；

他很爱学生——为每个学生的未来详细谋划；

他才华横溢、知识渊博——从艺术到技术无所不通；

他的课非常精彩——每个学生听完都觉得意犹未尽；

他很和蔼——对学生的问题从来都是耐心解答；

他很犀利——对科学问题从不含糊也不妥协；

他很严厉——批评自己的学生毫不留情面；

他的声音很特别——标准的男中音，低沉、有力，富有磁性和感染力！

各种各样的信息，让我对南老师一直充满着钦佩和好奇"。


## 3. 待人"真心"

夫童心者，真心也。"繁华落尽见真淳"这句话，像专门为南仁东说的。南老毫无心机，与人为善、为友，甚至对不熟悉的普通人也很友好，是典型的工农科学家。凡是他工作过的地方，人们一谈起他，都是美誉和思念。

他待人平等，对上不媚，对下不傲，以其才华"征服"他人。"有一年，周恩来总理到清华视察，会见学生代表，点名要他发言，因为当时他就有名了"，同学们回忆。90年代末，他两次到一位国家领导人处，话很投机，但一直不卑不亢，也不随便答允领导要求，颇有古士人风骨。

不谄上者不傲下，与谄上傲下正好相反，他"对下"十分友善。"他在工厂里是最有远见的人，也是最有同情心的人"，张凤桐回忆。他在通化时很出名，人缘很好，工人们谁有困难，他都愿意帮忙，一点小事都记在心里。

在通化时的同事米光，有个弟弟最不让人省心，不好好上班。南仁东就一直安慰米光，帮他想办法，并隔几天就问一问。每每说起和他在一起的日子，无论是欢乐，还是艰难，以及长久的离别，米光布满皱纹的脸上，都充满感人的真挚……

李天成是通化厂一名普通锅炉工，平时与他交往并不多。李家盖房时，身为技术科长的南仁东，竟过去帮忙脱坯。厂里人知道后都说："小南心眼好，谁的忙都帮。"

"他喜欢工人的实在，喜欢跟工人混在一块，跟工人特别好。他经常和工人朋友们进长白山的林子里打猎。这种性格，让他总能和群众打成一片，身边总是围绕着一大圈朋友"，"他有一点让我挺感动的，在工厂时，他从自己不多的工资里，专门资助了一个困难工人，每月固定给钱，很善良仁厚"，同在通化工作过的斯可克说。

"他绝对不是个'书呆子'。他的性格和品质，是阳光、真诚、正义、善良的；他的精神风貌，是富于朝气和活力的。认识他的人，都能感受到他的高情商和人格魅力。"

"当时厂里提起他这个人，没有人说一个不字，他的人格魅力非常大。他很有才华，唱歌也好听，前几天我还和老伴儿说呢，南仁东唱《绣荷包》《三挂马车》唱得可好听了"，"这个人真的了不起，但真正让我尊敬的，是他的人格魅力"，通化同事杨世新回忆，听说厂里谁生病了，领导住院他不一定去，但普通工人他一定去。他去看病人时，专讲故事或笑话，海阔天空地逗人开心，"美好的心情，比十服良药更能缓解痛楚"。

他心里始终装着别人，在通化无线电厂技术攻关时，熬到夜里 12 点后，要发两根麻花。他舍不得吃完，总留一根带回宿舍，给同事分享。给别人涨工资，当两人条件差不多时，他永远选生活条件最不好的，并说"几块钱会给贫困的人带来希望，因为他更需要，也更会觉得珍贵"。

有一次，厂里推荐上工农兵大学，有两位候选人，一位是市领导女儿，另一位来自普通工人家庭。他认为工人家庭面临改变命运的机会，而领导子女的机会更多，所以推荐了后者。同情关心弱者，是他的天性。在工厂锤炼的 10 年，让他深深理解了人民，理解了人性。

多年后他跟刘绍禹说及此事，自己也有所反思，认为这种朴素的想法，有不尊重个人之处，不应因为家庭背景，让一个独立个体受到不公平对待。后来的他，始终平等对待每一个个体。

南老一向好相处，情商高，"当时他与很'左'的 M 同学关系也不错，约 M 一块来我家吃饭。他待人特别宽容，什么朋友都能交往"。这种宽容，大概与他的宇宙情怀、悲悯世人有关吧。

但是，"他的宽容还是有原则的，喜欢谁和不喜欢谁，绝对是清晰的，不会因为宽容就什么人都不分，原则和底线是很高的，只不过他不计较罢了，因为他对人世的洞察太透彻了，已达到俗事不萦于心的境界"。

好友黄金生的儿子黄雷说，"我爸跟我讲，南叔叔跟女儿的朋友、同学们，可以像平辈一样相处交流。我感觉，一个家长以平等的眼光和平等的谈话方式、行为方式、思考方式去对待孩子，这是一个很高的境界。就是不拿自己当家长，而拿自己当一个跟他们平等的人去对话"。

"之所以说这个境界很高，是因为这意味着要把自己放下，因为一个人如果不这样，意味着内心觉得自己是高的，就会端起架子。南叔叔内心就不觉得自己高，所以他放下自己的时候，不觉得难受，也不觉得违背了初衷。"

任革学也回忆，"不管你是谁，你谦卑我比你还谦卑，你骄傲我比你还骄傲，这是南老师的口头禅，反映了他的本性"。有一次他带着几位中外专家，去见清华大学的教授，但对方正在打电话，半天不停，他就过去站那人对面，盯着他看，直接表达不满。

在北京天文台，"他当领导，与一般人很不一样，从不高高在上。有一天我到台里，门卫一听说我是他同学，就对我表现出出乎意料的热情，说南台长和他们就像亲兄弟一样"，一位同学谈道。

一位年轻人回忆，南老相貌酷似林子祥，性情谦虚温和，不摆架子，"我只和他面对面交流过一次，他对年轻人也是言必称

'您'如何如何，弄得我很惶恐。有一次他讲完课说：'谁要去天文台？我开车来的，捎你们过去。'非常自然"。

他不但对工人好，对同学也是这样。汶川大地震一发生，他立即打电话给在成都的同学陈庆兰，"你那儿什么情况？如果有困难，现在就买车票，什么都不用带，带上换洗衣服就行了，到我家来住，你就不要担心"。其实，因为陈庆兰是女同学，在校时相互往来就不多，但到了关键时刻，便显出他的同学情谊，这种做人境界，显然非常人所能及。

"我们班的肖自贵同学，毕业后分到贵州都匀，那是个三线城市，很穷困。后来，他回到扬州，在一个街道工厂工作，工厂破产后，一家三口失业，肖自贵又得了胃癌，他知道后马上出手相助。那时中国科学院搞'企业化'。当时天文台也办厂，搞'三产'，他就在'三产'企业里，给肖自贵安排了工作，还不忘向厂领导叮嘱，'请为我照应好了，他情况特殊，身体又不好，请不要指望太多'"，慈悲之心随时可见。

有一位同学曾经家境很好，当时的南仁东却对她敬而远之。但后来她成了"黑帮子女"，南老却主动伸出援手，以最美温情化解人世冷漠，对失势、落难者满是悲悯之心。这位同学晚年因重病成了植物人，他十分痛心，一直尽力帮助。有次他专门去上海看望，轻轻地说"我是土豆"，"土豆"是大学同学对他的昵称。几无知觉的同学听了后有了反应，眼角流下了泪水。友谊、人性、善良，这些人类最珍贵的品质，在南老那儿是与生俱来的。

他对同事和下属也十分关爱。"每次我们中间有谁生病了，他再忙都要亲自去看望。2010 年，我被查出甲状腺结节，他嘱咐我尽快治疗，那么忙还到医院看我。有个周末，我和妻子在公交车上碰巧遇到他，他摇晃着朝我走来，凑近仔细看我脖子，用手轻轻抚摸伤疤，好一会儿，仿佛松了口气，才缓缓地说：'这恢复得挺好的……'那关切的眼神，满眼慈祥，像一个想快点知道儿子病情的老父亲。下车后，妻子感慨地说：'老杨，遇上南老师，你真是太幸福了'"，FAST 高工杨清阁的思绪难以平静，南老师在他的印象里，最终定格在"慈祥的父亲"！

"大学我比他低一届，是他的学弟，我俩从大学开始就是好朋友。'天眼'工程启动后，我受他聘请参与建设。2014 年我夫人去世，他当时那么繁忙，压力万般巨大，竟然抽出时间到八宝山为我夫人送行"，斯可克感慨不已。

"我爸爸从老家来了，他一定要过来看，我拼命劝才没来，他非常友善真诚，重情义，人品好……"50 多岁的任革学谈及此事，语调略显哽咽。

"我被 FAST 吸引，2002 年回国见到南老师，问他要不要人，他说'你别回来，你回来就是放电，在国外接着充电去吧'。我当时悻悻地走了，自尊心还受到伤害"，李菂回忆。

"2012 年我回来加入 FAST 团队，后来随着参与管理的工作越多，就越感激南老师当时那个态度，因为当时他推进这个项目快 10 年了，但还没立项，手里没钱，也没合适的职位给我。其实那时，他是最需要人的，但他第一反应是从他人的发展角度出发，所以我非常非常感激他！"

他就是这样一个极善良，一心为别人着想的人。过 70 岁生日时，学生们要给他庆祝，他只同意一起到餐厅吃个简单的午饭。生病期间，学生们要去看他，他说："人来可以，什么东西都不许带！"治疗期间，他仍坚持到办公室工作。

他从不愿麻烦别人，总对学生说，"你们都挺忙的，把自己的事做好就行了"。但他对学生非常照顾，时常带大家改善生活，操心他们的工作和发展。2015 年，即使他病重了，也没告诉老友们，甚至是骨肉亲人。

谈起南老，他的学生张海燕数度哽咽，泣不成声。她总以为自己还能再见到那个似乎无所不知、爱抽烟、嘴硬心软的老爷子，听他在隔壁办公室喊自己的名字。而这些昔日普通得不能再普通的场景，如今却成了一种奢望。

2017 年 4 月，南老病情已很重，人生进入倒计时。正在医院做小手术的甘恒谦，突然在病房见到拎着慰问品的南老夫妇，既惊讶又感动。"我这小病从没告诉过老师，他来前也没打电话。他都病重成那样了，还来看我这个受小伤的学生"，甘恒谦十分内疚，没想到这次见面，竟成了师生永别。"这么多年，跟南老师一块儿工作，在人生经历里面来说，可能不是每个人都有这样的机会，我觉得我还是挺幸运的。"

南仁东与高中同学吴学忠、赵福德，有"桃园三结义"之谊，他对落榜的赵福德帮助鼓励很多。赵福德晚年生病后，思维混乱、茫然麻木、难以交流，但当被问及知不知道仁东不在了时，突然呜呜哀号起来，那份悲痛，难以言喻……

在通化时，南仁东与刘绍禹、翟所增是又一个“三兄弟”组合，这些情谊都伴其终生。最不安分的南仁东与最安静的刘绍禹，像地球的南、北两极，因一起技术攻关，变成“像两只小狗，成天一起闹，根本分不开”的挚友。与有些痞性、小学没读完的翟所增交往，体现了他对人性的敬重。在他的调教下，翟所增转向了人生正途。

他曾告诉黄金生，“我到北京后，东北的那些哥们来我家做客，一股子东北人的豪爽气概，爱抽烟喝酒，免不了给家人增加负担。但我不行，我离不开他们”。

2016年，在去世的前一年，他给翟所增回信“我很好，只是忙，不要担心”，跟刘绍禹说“我还好，你保重，问候大嫂”。他用善意的谎言，不想让千里之外的老友担心。次年得知他逝世，二人悲痛难忍，泣不成声，“仁东啊，你这坏小子，到死还骗我……”许久后，刘所禹接受采访时说，“我俩的故事很多，说出来都是笑话。如果可能，我多想和他再喝点小酒、吃点饭啊……”再度哽咽难言。

他给身边人留下的印象，永远都是酷酷的样子；不了解他的人，不知道他有这么温情的一面。“得知南仁东生病

南仁东与通化老友在一起

后，我一直在联系他，但一直不接我电话。发短信他给我回道：
没事，我现在还上班呢，给大嫂带好"，在通化的好友张凤桐回
忆。后来我才知道，他的嗓子说话费劲，他不想让我们知道，怕
为他担心和难过。

"得知大伯去世的消息，几天都无法释怀，但认真思考后，
觉得这样不对。最好的缅怀，应该是做好自己的工作，以告慰大
伯的在天之灵"，侄子南天庚希望从悲痛中振作起来。

叹人生之须臾，羡宇宙之无穷。人的一生太短，他没能等到
亲自用 FAST 观测宇宙，生命就已完结。但王天挺认为，"想必
他并不遗憾，他这一生活得足够宽广，就像探寻宇宙的宽广，先
要有内心的宽广一样"。

宇宙之浩瀚难以想象，可观测的宇宙中，有 1000 亿个像银
河系这样的星系，而人类所在的银河系中又含有 1000 亿个像太
阳一样的恒星，这些天体发出的电磁波穿越遥远的时空，传到地
球时已十分微弱。

射电天文事业从 20 世纪 60 年代发展至今，接收到的电磁波
都加在一起，转换成热量也烧不热一杯咖啡。宇宙中大约 70%
是暗能量，26% 是暗物质，不到 4% 是重子物质，只有不到 1%
是人类能看见的发光物质，发光物质只相当于"一瓶可乐中的一
滴水"。

作为天文学家，南仁东自然深知，在宇宙、太空甚至可能的
外星人面前，人类何其渺小，更何况一己的微末生命？

"我们 FAST 人都非常非常敬重他"，潘高峰谈到，在南老过

世之后，很多合作单位、评审专家，都自发打电话来问候，为他的离去感到悲痛。还有人自发在他生前工作的办公室门口献上鲜花，有人路过他的办公室时，会在门口鞠躬致敬。

"我觉得南老师最酷的，就是他影响了一大批人，他好像还没有离开我们一样"，"以前只要看到南老师在，大家心里就有底气。现在我们用他在日常工作中教给大家的科学精神、团队精神，去克服难题"，"有一天我正在整理他的图片、视频资料，一个小伙子进来了，看了一会儿照片，说：'我怎么觉得南老师没走，只是去出差还没回来……'"张蜀新感慨，我们不自觉地会把他的一些要求，变成对自己的要求，再一代一代薪火相传。

"他的博学、正直、认真细致、独特的人格魅力感染着身边的每一个人，也深深地影响着我。南老师的离开，让我们非常震惊和悲痛！但我们会继续实现他的遗愿"，朱博勤写道。

"这种感情超过了同事和师生。比如说，我什么事都不干，也愿意跟他在一起，就陪着他，就这样"，"我很想问问他，你看现在的情况怎么样？对我干活是不是满意？"姜鹏说。

南老逝世一周年之际，张蜀新给他写"信"，"这两天，往事总是一桩桩涌上我心头。但我知道，如果你知道我这样，肯定会狠狠说我一顿，叫我向前看、做有用的事，对吧？我会的，南老师，我会把咱们的年轻人给培养好，把咱们的望远镜给管好用好，不让你担心。等下次我再去你办公室时，我会告诉你，我们整个队伍，一直在向前看，一直在做有用的事"。

"每当我们遇到困境，就会仰望满天繁星，想想南老爷子的付出和心血，就没有什么过不去的坎，也没有什么解决不了的问题"，"您从未离去，记忆仍在，精神仍在，灵魂一直犹存 FAST 的每一个角落"，"我相信宇宙之中定有一颗最亮的星星，那一定是您，点燃我们的希望，照亮我们前行。您从未离去，一直陪伴着我们的心灵"，"中国天眼"运行和发展中心工程师黄琳说。

在 FAST 基地，矗立着南老的塑像。28 岁的杨清亮说，"每天上班，看到南老师，就觉得必须对得起他，对得起'天眼'"，"在没有手机信号、近乎与世隔绝的环境中，年轻人怎么待下去？这也许是搞研究的好环境，减少了外界干扰。不过话说回来，在这里几乎没有闲暇感受枯燥和孤独。忙的时候，两三个月没出过现场，连周末都不休息"。在 FAST 基地工作的人，强度和难度都很巨大，但他们不惧，成果频出。

有次南仁东回老家，正在刘绍禹家聊得热闹，一个与他不熟、名叫朱清烈的人闯了进来，支支吾吾半天，说是来请南老去看他新分的房子，有点莫名其妙。原来他一直崇拜南老，但条件不好，以前不敢接近南老，更不敢请他吃饭。南老去世一周年时，70 岁的朱清烈专门去贵州看 FAST，向心目中的英雄致敬。南老于无形中影响和感染的，不知有多少人。

"我儿子对南叔叔崇拜得不得了，一辈子都跟他亲。他经常来跟我孩子聊天，尤其是到了高考阶段，告诉他怎么样学习，对孩子帮助很大。我儿子能考上清华，跟他的鼓励和教诲是很有关系的，等于他替我教育了儿子"，数十年后黄金生仍感慨不已。

"尤其在做人方面，他经常给我孩子讲不要学坏，应该行为端正。私下里他经常跟我说现在有人吸毒，可要小心。这说明他心善，担心孩子走上歧途。因为吸毒可能是主动的，也可能是无意的，不少人染毒是被动的"。他对好友孩子的关爱发自肺腑，随时闪烁善良与人性的光芒。他抱别人的小孩，那慈爱的样子，让人永远难忘，真是"有爱无类"，源自内心。

"我觉得一方面是善良，另一方面是，他对这个世界的观察更细微。像我爸就对我没这方面担心，我猜想他其实是没看到社会那个层面的，而南叔叔看到了。他把吸毒作为事情来关照我，反映了两点：一个是他对社会的各个层面都有关注，所以知道这事是绝对不能碰的，因为一旦碰了，可能就废了。有些错误犯了可以爬起来，有些一旦犯了就很难爬起来，吸毒是其中一个。他对社会了解的深刻度，让他能够给我这样的建议，而我爸很难给我这样的建议。

"社会上讲易子而教，比如让您去教另外一个孩子，您会对他说不要吸毒吗？我猜想您可能不会去说，可能你对社会的这个层面并不了解，也不知道这事给一个年轻人带来的危害会有多大，多么有毁灭性。但南叔叔能够告诉你，这件事真的不能碰，而且很严肃，说明他真的很在意。

"吸毒这个事情，反映了他又一个想法：一个人的塑造有高线、有底线。高线比如说人的智商、情商、对社会的理解力，决定了人能够做到多高；底线就是说，只要人不自我毁灭，我都可以接受。在这方面，他的宽容度特高。

"也就是说，假设我是一个平庸的人，我相信他不会觉得这件事有什么大不了的。因为他把底线放在吸毒，意味着假设我今天在工厂打工，南叔叔也不会觉得这就是一个巨大的灾难。

"他对一个人设定的宽泛度是非常非常高的。这一点，我觉得今天中国绝大部分家长达不到他的高度，因为他们可能无法接受自己的孩子是一个平庸的人。这也是我为什么说他的特质是穿越时间的。因为那么多年前，他就看到，即使一个人庸庸碌碌一辈子，但只要足够幸福，找到自己的快乐，这件事其实没什么大不了的，不需要是个亿万富翁。

"所以，我对南叔叔的又一个感受就是，他是一个很超脱、很脱俗的人，他不会被这个世界禁锢住，不会被观念、外部环境、大家公认的价值禁锢住。他思考得足够深，以至于无论外部人是怎么想的，什么是好、什么是坏，他都有自己的一套理解。这个理解是很深刻的，所以我觉得从某种角度来讲，他是一个哲学家，他的思想具有很强的哲学性。"

聪明睿智、勇于发表观点的南老，不但国内"粉丝"多，国际上"铁哥们"也很多。每次开会见面，他们都紧紧拥抱。陈学雷回忆，"开国际会议时，我发现许多外国学者们，都非常熟悉和尊敬南老师。我知道他参加过 SKA 的许多活动，南老师与他们相熟并不奇怪。但亲眼看到很多老外围着他交谈，像哥们一样，亲密无间，还是颇觉吃惊，因为虽然他英语还行，但不是特别好，像我们这些长期在外、英语很顺溜的，反而不如他"。

尽管天性率真，与人友善，受人敬重，"粉丝"很多，然而终其一生，南老都怕被说成"完人"，最怕被"神化"。任何性格都有两面性，优点缺点都是它。他让人讨厌的地方还真不少，比如，有时脾气大，爱骂人，吹毛求疵，对身边人苛刻，报张出租车票也得受他"审问"，不管别人也需养家糊口。他有时固执己见，像头"犟牛"，不愿恭维，不喜欢官场，亲下而傲上，不给领导面子，让人下不了台，像一个"刺头"。他有时心太软，婆婆妈妈的，有时又没个正经，嘻嘻哈哈的，只顾自个儿高兴，喜欢捉弄人，玩笑开过了头，让别人不开心。他算不上一个好的"家人"，家务活干得少，家里事管得少，父母生病去世也顾不上，孩子教育也不称心……南老日常生活的困扰，跟我们没什么两样，他自己取得的成就，不经意间也以别人付出为代价，有点"一将功成万骨枯"的味道。所以他是一个优点缺点都袒露无遗的人，一个大家身边人情味最浓的俗人。

老子说，"常德不离，复归于婴儿"，婴孩的哭与笑，都那么自然。南老的一生，本真，天然。他离去数年，也验证了那句话，"有的人死了，他还活着"。

# 四、仁人

"爱人利物之谓仁"，故仁者立己达人。南仁东一生所为，体现了大仁大义、国之高士风范。面容沧桑、皮肤黝黑，着装不拘一格，这位外貌粗犷的科学家，对待世界却有一颗柔软的心。仁者、君子，可算他一生的判词。

从南老身上，我们仿佛能看到陈赓的"侠义"、石评梅的"情育"、孙立人的"爱兵"、卢作孚的"完人"等影子，更远远地依稀可见苏东坡、爱因斯坦等中外文明高峰的剪影。

## 1. 为国尽忠

"仁者，以天下为己责也。"南老志存高远，有大格局、大境界，中国人的家国情怀，流淌在他的血液里。"对他而言，中国需要这样一个望远镜，他扛起这个责任，就有了一种使命感。"

1993 年，国际无线电科学联盟大会在东京召开，南仁东获悉，科学家要在全球电波环境恶化之前，接收更多外太空的信息，建造新一代射电望远镜，即后来的 SKA，这将是国际最大的综合孔径射电望远镜。

他立即提出，"如果能抓住这个时机，中国的天文学研究就有可能领先国际几十年"。一向低调的他，此刻按捺不住了，跑去推开中国参会代表吴盛殷的门，激动地说："咱们也建一个吧!"他还盼望：一是争取 SKA 的台址选在中国，二是中国不出资或者少出资。随后他将 24 年光阴，全付诸此。

20 多年后南老还回忆道，"一个天文学家，就要有天大的想法"，"别人都有自己的大设备，我们没有，我挺想试一试"。其实这一梦想，饱含一代中国天文学家的辛酸。

那时，他们做天文研究，经常要依赖外国的设备，就好像士兵没武器，依赖人家的二手数据，还得看人家脸色。申请用望远镜的观测时间，通常以小时计，如果能拿到 1 小时，就很高兴、很难得了。

1997 年，为了争取国际主动，他提出了一个中国推进"大射电望远镜先导单元"计划，即中间建一个 500 米口径大的、周围数十个小的，构成平方公里阵列，这个大的就取名为 FAST。FAST 项目的初衷，是筑巢引凤，让 SKA 落户中国，既省钱又可引来技术。

"在我眼中知识没有国界，但国家要有知识。"他努力争取 SKA 落户中国，因为这意味着：中国可以节省大笔自建的钱；世界多种尖端的先进科技，将因此流向中国；谁掌握这些前沿科技，谁就拥有战略制高点!

　　这折射出知识分子的创新精神，因为我国现代化起步晚，须用敢为天下先的勇气和信念，抓住最先进的前沿知识，紧跟时代步伐。

　　南老的设想在国际上也有拥趸，当时科学家麦维斯（J.Mervis）和《科学》杂志编辑联合撰文："望远镜的山谷，天文学家梦寐以求的地方，希望投资 2 亿美金，在相对封闭的中国贵州喀斯特洼地中，建造国际射电望远镜。"但南仁东知道，这种大工程立项太难，不立项就没经费，没经费就没团队。

　　FAST 初勘结束后，大多数人都回到了原来的工作岗位，只有他满中国跑。当时，天文台也没什么经费，为了寻求技术合作，他坐着绿皮火车，从哈尔滨工业大学到同济大学，再到西安电子科技大学。1995—2006 年，世界上多了一位名为南仁东的"推销员"。为了"化缘"，他无论大会小会、国内国外，逢人就宣介 FAST，不厌其烦地把同一个概念，向不同的人解释。

　　FAST 迫切需要认可，他不得不"耍嘴皮子"，再也没有时间打牌、唱歌，东北人的"唠嗑"也不得不戒掉，说话越来越直奔主题，原来没事找他"唠嗑"的，一会儿就被打发了。

　　曾经一起工作的年轻员工回忆道："南老不是个爱说话的人，他一有压力就爱抽烟，像个闷葫芦一样倔强得很。"可就是一个这样的人，却跑遍世界，只为项目磨破嘴皮。

　　他向国际申请，并设法多参加国际会议，借机推销，力促 SKA 项目花落中国，"我开始拍全世界的'马屁'，让全世界来支持我们"。曾有记者问："你都去过哪些国家？""我在想，我没去的都有哪些国家。"

经历过最艰难的十多年，FAST 逐渐有了名气。同时，跟各大院校合作的技术，也有了突破性进展，这给了他底气。他的立项申请书，包括 20 多个合作单位，有 3 厘米厚。

但一些发达国家，特别是强势国家，不愿意大射电望远镜落户中国。2006 年，中国在台址竞争中，遭遇滑铁卢，国际上确定在南非和澳大利亚建 SKA。再联想到早期赴美被拒签的经历，这让他更清醒：核心的东西，买不来也求不来。

他天生就是硬骨头，这次挫折反而激起了他的斗志！他要拼命争取，他要勇敢"申诉"。他自己爱面子、重尊严，但为 FAST 求人、去要钱要名分时，他不再觉得丢人，也顾不了那么多，甚至谁的面子都不给。

2006 年中科院院长会议上，听取"十一五"大科学工程汇报，路甬祥院长点评的话音刚落，南仁东就说：

"您说完了，我能不能说两句？"

"第一，我们干了 10 年，没有名分，我们要名分，FAST 到底是怎么回事儿，有没有可能立项？这么多人，20 多个大专院校、科研院所。"

"秘书长，给个小名分。但启动立项之前，必须有国际评审会"，路院长指示。

"第二，我们身无分文，别人搞大科学工程预研究，上千万、上亿，我们囊空如洗。"

"计划局，那就给他们点钱。"路院长也被逗乐了。

南仁东以为没希望了，慢慢走回自己的办公室。正掏钥匙开门的时候，电话响了，是张杰院士。他说："南老师，你别有挫折感，院长对谁都很严厉，对你是最客气的，你今天得到的比别人都多。"

2006年底，项目最后开展国际评审，南仁东得用英文发言。因为他的英文是自学的，水平一般般，便提前把整篇稿子都背下来了。功夫不负有心人，最后评估可行，61岁的南老看到结论，热泪盈眶。

在他极力争取下，FAST项目在中科院正式申报，2007年7月得到国家正式批复。这意味着这个艰巨的工程，将全靠中国自己的力量来建！

FAST立项后，他播放了《命运交响曲》。"FAST立项，不意味着胜利，我们只是刚刚出发……我们将证明，人类的探索，可以到达一百多亿光年以外。"

他异常冷静，以麦哲伦出发时跟船员讲话为喻，"我们将开始人类历史上前所未有的航行。我们中间有些人会葬身大海，不可能所有人都回来。但是，我们将会证明，地球是圆的"。

只是后来，没回来的，只有南老自己……

"这是一件没有退路的事。FAST立项后，南仁东多次和我提到自己肩上担子的重量，说不敢有半点疏忽，项目做不好没办法交代"，斯可克回忆。"前半生是言行无忌的孙悟空，后半生是一心护法的孙行者"，他最终为"护法"而献身。

"他像一个勤奋的蜜蜂，为FAST采撷各种知识的精华"，南老为了精益求精，邀请了陈芳允、吴文俊、叶叔华、欧阳自远等专家，其中不乏"两弹一星"和探月工程的功勋科学家。他在陌生领域做判断时，要听取多方意见，如馈源舱建设时，专门邀请后来获得国家最高科学技术奖的郑哲敏先生提供帮助。

最困难之时，他曾站在 FAST 那 150 多米高的馈源塔上跟自己发狠，"FAST 要是建坏了，我就从这儿跳下去！"

承担巨大的压力，须有绝处逢生的勇气。他常给同事们算一笔账："如果因为工作没做好，FAST 停一天，就等于国家白扔了60 多万元。"

他总是考虑为国家节约成本，当初想引入国际 SKA，是为国省钱；选择天坑，挖掘成本仅 1.2 亿元，节省土建费 30 多亿元。FAST 的预算仅 7 亿多元，最终也仅花了 11.5 亿元，不到上海两公里地铁的成本，不到 2016 年全国 GDP 的六万分之一。而国外相关工程的预算，是其 16 倍以上；国内一家权威单位预估要 220 亿元以上。

他为国家省钱，自己却不爱钱。他去美国治病，全是用的自己的积蓄。他后来得的奖励，也是荣誉性的，并没有钱。他还坦陈，"'天眼'建设不是由经济利益驱动，而是来自人类的创造冲动和探索欲望"。

他常告诫学生，搞科研不能太功利，探索未知世界，就像哥伦布当年出海，一开始哥伦布没有什么明确的目标，也没有发现新大陆这样的硬任务，但最后哥伦布获得了巨大的回报。"FAST项目也是一样，我们不能现在就想到它会给我们带来什么，但只要我们去干，就会有意想不到的收获。"

20 多年来，他始终以超强的责任感，应对超负荷的工作量。在 FAST 项目组，数他奉献最多、最为繁忙，常年无休，每天都要处理上百封工作邮件，并对一些邮件专门注明"不必回复"，尽量不麻烦别人。如果出差地无网络，无法发邮件，他便会坐立不安。

"就在那间办公室里，我们经常和南仁东老师一起工作到凌晨三四点"，甘恒谦回忆。为了 FAST，南老成了废寝忘食的"工作狂"。

"南老师的一生，好像每一个 10 年都没有被浪费。2007 年之前他还去讲讲课、参加评审会，周六、周日还会在办公室画油画。为了 FAST，尤其最后 10 年，他所有的爱好都没有了，每 1 天当作 2 天在花，这 10 年当作了 20 年来用"，朱文白叹道。

斯可克说，"毫无疑问，他心中有不甘平庸的大目标、大格局、大境界。他是一个责任感超强的人，在我们交谈中，他好几次表示肩上担子太重，不敢有半点疏忽。这种超强的责任感，也给了他超强的工作负荷。即便发病以后，依旧一心扑在工作上，我们都能感到那不惜以命相搏的悲壮"。

"在建设 FAST 上，他站在对国家负责和对事业负责的高度上，对工程质量提出高要求。他说：将来 FAST 会是一个国际合作的场所，许多外国科学家会来此进行合作研究，如果 FAST 故障率高，经常出问题，'停车'修理，那就可能成为'国际笑柄'。这个重担，始终压在他的心头。"

投身 FAST 后，老家的亲戚朋友到北京找他，他接待得明显少了，不再那么好客了。他说话也变得又直又冲，"不要把我的电话给别人，我真的一点时间都没有！"

"我们不会借你的光！"为这事，南仁刚和哥哥吵架时放过狠话。"我替我哥向大伙说句对不起。时间对我们而言有很多，但他真的太忙了"，南仁刚有些哽咽。

工作时间多，留给亲人的就少了。2009 年是他最后一次回到故乡辽源，这时父亲已去世 21 年、母亲也离开 11 年了。坐在父母坟前，他久久不动，默默流泪，说得最多的是"对不起父母，我把时间都放在项目上，真的没时间照顾父母"。有次他还劝好友，一定要多回家看看父母，别像他那样，子欲孝而亲不待。

对此侄女南斯佳回忆道，"2009 年，一直在大山里忙碌的他，忽然回老家了。我们特别高兴地围坐在他身边，伯父慈祥地笑着，挨个了解每个家人的生活琐事和工作细节。当时我们不知道，他在项目推进中遇到巨大困难。我现在猜想，他大概是回来跟我们告别的。

"我陪着他一起去给爷爷奶奶上坟，他让我在远一点的地方等。他自己在坟前哭诉了很久，我远远看着他瘦弱的肩膀在秋风里抖动，在落叶映衬下显得特别苍老。后来才知道，其实早在那一年，他的身体已经很糟糕了。"

2014 年，FAST 反射面即将吊装，他不顾自己是 69 岁的老人了，坚持第一个做"小飞人"载人试验。高空中无落脚之地，稍有不慎，就可能摔下来。下来后，他的衣服被汗水浸透了，但也发现了几个问题。

这年底，作业难度最大的一台设备要运到塔顶，一旦出事会带来巨大损失。尽管拖运方案的每个细节都检查了多遍，但他仍不放心。前一晚午夜，他又打电话提出一个新预案。第

2014 年大窝凼施工现场，南仁东与工程技术人员讨论

二天一早，他就到办公室坐等，直到完成后才松了一口气。

说起南仁东，曾当过他邻居的李奇生总是充满敬意："在南老师眼中，就没什么困难是不能克服的。他早年在吉林工作，曾在没暖气、零下三十多度的屋里住过，所以建'天眼'遇到的各种难题，在他眼中不算难。"

"南老师是一个很敬业的人，22 年间很多事都亲力亲为，细致入微，一般人很难做到。没有他，就没有 FAST。他的为人处世，就代表着科学精神，体现着科学家品格。"

2015 年 3 月，南仁东被确诊为肺癌，手术后学生苏彦去看他。苏彦见院内鸟语花香，他却一脸愁闷，便宽慰道："您终于可以过清闲日子了。"谁知他闷了半晌，赌气似的说："哼，像坐牢一样。"

这年秋天，第一个化疗疗程刚结束，这个倔强的老人，又忍着病痛返回工地，立马投入工作中。夫人郭家珍不忍心，女儿安

慰妈妈："让他去吧，不然人在家里头，心也在天文台。"还有一次，他上午去化疗，下午就跑去上班，气得夫人骂道："你不想活了！"

他手术后，办公室通知食堂保障好营养，食堂做了鱼，他不吃，说鱼刺多，太费事，自己没时间。"他希望不要给他开小灶，不要特殊化"，姜鹏说。

但他吃饭经常误点，来食堂时菜没了。食堂师傅知他一向节省，就建议给他炒个鸡蛋，"我没有时间！"他顺口答道，说完拿着碗筷刮点剩菜就吃。

"建成之后再休息，现在没时间休息"，"这个要是干不好，真是没办法交代"，这是他的心里话。

"为了节省时间，中午他总是随便吃点饼干、方便面了事"，"有一次停电三天，他要看资料，就点着蜡烛继续工作"。吃饭要快、看病要拖、生日要躲，他显然"不近人情"。

"就这么宽的一张床，天天被子都感觉能拧出水来，他也一样住着。而且他从来不会说我到镇上去住，他永远都是在现场住。"无论是作为一名年逾七旬的科学家，还是作为一名身患癌症的病人，他都有十足的理由，换个环境好好休息，但这个犟老头绝不！

他病重后，经常默默坐着看电脑，感觉自己再也没那么有活力了，已不是原来的他了。但他从不把病痛带到办公室，自己强忍着疼痛，不影响别人。他有自己的尊严，不愿让人看见他成了弱者，成了需要照顾的病号。

"2015 年底 FAST 年度总结，我忽然发现，他原来洪亮、底气十足的男中音，变得沙哑而低沉，说几句就会喘口气。但他的眼神，依然坚毅，对工程中的任何问题，都毫不放过。他身体虽然病了，但是精神和原来一样，是一名真正的斗士！还是我钦慕已久的南老师"，张晓宇回忆。

在 FAST 基地，院里的狗只跟在他的后面，连它们都知道他去基地次数比谁都多。他是项目的"明星"指挥，周围村民都熟知他，年轻科学家一谈起他，就两眼发亮。

2017 年 4 月，南仁东生命进入倒计时，他仍坚持参加工程例会，通过电话、邮件交流，希望尽快完成调试和试观测。

"南先生在用他的生命，成就一个国家的骄傲"，"南老师这20 多年几乎没干别的，就专注在这一件事情上"，甘恒谦感慨不已。

"多年来的接触中，我感到南老师是一个为了国家强大，愿意付出一切的人"，曾任平塘县副县长的张智勇说。

22 年，从壮年走到暮年，从美丽蓝图到人间奇迹，从世态冷暖到完美句号，他把一个朴素的想法，变成了国之重器，成就了中国在世界上的独一无二项目。

南老曾说，我们这一代建成 FAST，只是提供一个平台，期望年青一代用它去创造成就。他用沙哑的嗓音努力地表达，"我觉得可以称为'大国重器'，它是一个国家综合国力的展示，中国在世界的眼睛里，会多多少少变了那么一点点，对不对？"他更大的期望，是 FAST 成为打开青少年眼界、放飞梦想、激励创造的重器。

"贱时独善身，康来回世恩"，南老的这句诗很像"穷则独善其身，达则兼济天下"，表达了他的心声，并用生命的绝唱来践行。"我们还有太多的工作，要尽快把这个望远镜调试好，用这些成果来回馈公众，回馈国家。"

"他最大的遗憾是，命运没再给他一点时间，让他再为FAST做点事"，南夫人回忆。

他的爱国，有家学渊源。父亲南广治的家教极严，"食不言，寝不语"。尽管南仁东已是两个孩子的父亲了，回到父母家，仍被当孩子一样安排。南老的父亲曾在东北沦陷区生活过，这一"出身"致使儿子到清华大学无线电系后，不能被分到最好的雷达通信专业，而是真空及超高频技术专业。到"文革"时，南广治饱受风霜。他临终前还在感叹："亡国奴不好当啊！"这些对南仁东影响深远，养成了他自尊自强的鲜明个性。

南仁东的父亲南广治，曾获得过东北地区体育冠军

有一次，国家天文台组织与英国同行开会讨论，结束后南仁东板起脸，对一位发过言的同事说，"在外国人面前说话，要平等相待而不能点头含胸"。同时，他还用身体

表演什么是点头哈腰和不卑不亢两种态度。

这位同事年龄不比他小，他竟当着很多年轻人的面，严肃说出这番话，令人十分震惊。

他在中国落后时，毫不媚外，源于广博见识后的理性判断。"有人的地方，哪里都一个味儿"，这是他的口头禅。因为他去过许多国家，赢得过外国人的尊重；他看过许多外国书籍，很清楚爱因斯坦逃离德国后，晚年还在美国遭遇麦卡锡主义之害。

不以己之短比人之长，也不以己之长比人之短，不自卑也不自大，不媚外也不排外。对于人类本身的缺陷与不足，科学家们自有其清醒客观的认识。生为中国人，加上他的极度自尊，铸就了他强烈的爱国心。

现代天文学界确认，第一颗超新星的发现者是古代中国人，这也归功于南仁东。他说："北宋至和元年即 1054 年，中国人准确记载了这颗白天都能观察到的超新星爆发，而西方人遍查自己古代的典籍，也没有找到对应的记录，他们非常嫉妒咱们……"

他爱国情感浓烈，但不盲目。黄金生回忆道，"他做人是非常有原则的，对国家的爱，对人民的爱，是无与伦比的"，"这种爱绝不会挂在嘴上，绝不是整天用口号方式喊出来的，而是用他的行动、他的热情表达出来的，这是他一个非常优秀的特点。我不是因为他是朋友就夸大其词，我们整天黏在一起，他的这种深爱，耳濡目染，哪怕是一举手一投足，直接就看到了，根本不需要渲染"。

"身为科学家，他与爱因斯坦一样，不喜欢政治口号，但这不妨碍他热爱国家、热爱事业。他的突出特点，一是对别人非常宽容，二是对国家和人民的爱，三是对科学的热爱。我不喜欢把他描写成政治上'高大上'的人，本身他就是纯粹的科学家。"

"他亲口跟我说，当年在荷兰时，荷兰诚恳地挽留他留在荷兰科学院，承诺一年的工资是15万美元，那时国内工资也就每月46元，这一年薪相当于国内1000多倍，而且还答应给他一套别墅住。"他在荷兰有大收获，也有不愉快，但他没有留下来。他的价值观中，始终有比钱重要的东西。

从荷兰回来，北京天文台没有条件分房，他只能住在活动板房，像工棚，与国外条件悬殊。冬天很冷，寒风呼啸，他一做饭，呛人的辣椒味儿、油烟味儿，还会飘到隔壁一个研究生同学家里。后来分到一间筒子楼，总算有了暖气。再后来分到一套两居室，他很高兴，自己精心设计和装修。

他不但自己放弃高薪回国，也劝别人回国。"南老师对我们年轻人的学业和职业前程也很关心。一直鼓励我们不能荒废在温暖的小家庭中，要有大志向。多年以后我去德国读博士，还请他帮我写推荐信，他还耐心地讲了好多欧洲人的风俗习惯，并让我尽快学成回国"，国家天文台王益萍回忆。

但他并没有因为倔强的个性，而缺少国际朋友。外国人有偏见，他就和他们辩论，结果最后成了很要好的朋友，反而更受欢迎，这些科学家大多对他坦诚相待。他自己也说，"我在国外也有了人缘，结交了朋友，得到射电天文界的国际同行支持"。

现实中，国与家，不同一，难取舍。南仁东夫人在接受中央电视台采访时说："他很少待在家里，我常说他就是'长'在天文台，节假日也都在天文台，有一次过年，我说人家都封门了，你就别去了，他笑嘻嘻地跟我说，还有一个门没封呢。工作的时候他也是，不到饭点他想不起来回家。"

"他回家之前，会先打电话问，'饭好了吗'，我说'饭不好你还不回家呀？'下一次他就不这样问了，就说'你要买菜吗？'我说，'都这点儿了，你买菜什么时间吃？'最后他就改了，开始说'我要回家了'。我说，'你回家还告诉我干吗？你回就是了'。其实，我就是嫌他不着家。"其实夫人深知他对科学的痴迷，嘴上似有"怨言"，但几十年都默默地支持他，可谓贤内助。

人生实难，酸甜苦辣，家家都有难念的经。他朋友回忆，"他本人献身科学，长年不在家，在贵州大山里转，怠慢了家庭，管不了孩子，郭夫人也很凄凉。但两人都很有教养，夫人内心非常强大，非常安静，不多一言，两口子相濡以沫。夫人心慈面善，特别是在南老最后的日子里，尽力照顾，不辞辛劳，让南仁东很感激。"

"90年代，有一次我住院做手术，他来看我，那时候他的孩子还小，正处在青春成长期，难免有着成长的烦恼。他向我掏心窝地倾诉心中的苦恼，我的劝慰起了作用。这也让我深切感受到，再强大的心灵，也有柔弱之时，也需要朋友和亲人的抚慰。"

上苍对待人类，也许不喜欢完美。家人们天天在一起，优缺点自然互现，柴米油盐面前，谁也不是完人。有句话讲"仆人眼里无英雄"，谚语的伟大，在于反复验证其正确！南老生活也是五味杂陈、难称完美，孩子教育也不够省心。

《礼记·学记》中讲，"善歌者，使人继其声；善教者，使人继其志"。任革学回忆道，"后人难以完全继承他的才智、他的事业，也许是他终生的一大隐痛"。

"人生哪有那么完美，经常是残缺的美。他的追求，家人未必全都理解。他生活中有痛苦，会像一般家庭那样正常过日子。如果他沉溺于幸福的安乐窝，可能就不专注'天眼'了，就不会那么成功。人生就是这样奇怪"，仁刚对哥哥的境遇，有自己的另类见解。

"如果现在他还活着，由他亲自来做数据分析，一定还会有更大的发挥余地。如果搜集到宇宙信号，同样的资料，到了哥哥手里，依据他独特的分析和判断力，成果可能就会不一样!"仁刚的心中满是痛惜。没想到，这次采访两年后，仁刚也随哥哥去了。

"'中国天眼'是国家重大科技基础设施，是观天巨目、国之重器，实现了我国在前沿科学领域的一项重大原创突破，以南仁东为代表的一大批科技工作者为此默默工作，无私奉献，令人感动"，习近平总书记曾号召广大科技工作者向南仁东学习，并称他是"爱国科学家的典范"之一。

国家天文台原台长严俊说，FAST 的研制和建设，由最初不到 5 人发展到上百人的团队，工程建设凝聚了 100 多家单位的力量，实现了由跟踪模仿到集成创新的跨越，体现了我国自主创新能力。这个跨越，是南老用生命演奏的绝唱!

姜鹏回忆两人最后一次见面时，南老念念不忘的是："以后，这个望远镜就拜托给你们了。"

| 2007 年 7 月 27 日，FAST 立项初期，严俊（左一）与南仁东在密云站

"在家多陪陪我和孩子们吧，孩子们一年都见不上你几面"，夫人郭家珍说。

"我只是为了自己吗？是为了国家！"南老说完，又反过来赔不是："陪你们确实少了。等我老了，退了，我陪你到处走走，看星星。"

但是，对家人的许诺，终成空言，剩下了亲人的痛与泪……

"我只想踏踏实实做点事"，南老血泪交织地做成了。这是一首英雄交响曲，也是一首悲怆奏鸣曲。

## 2. 为民尽善

"仁也以博爱为本。"南老名字中有"仁"，这成了他的基因，一生悲天悯人，心有大爱，眼睛不只仰望星空，也环顾众生。他对底层群众有着天然的好感，欣赏他们的真诚，不讲假的空的。有句话叫"高山仰止"，但他作为一名科学家，却始终生活在老百姓之中，从未高高在上。

在通化工作时，他是工友的贴心人，"知道他的人没有一个不佩服他、不尊敬他"。除领导外，他几乎与所有人"套近乎"，有时嬉皮笑脸地，哪怕对最普通学徒、烧锅炉师傅，也格外亲近。通化 10 年，与工人摸爬滚打，留给他另类的人生财富。

当时厂里有个搬运工人陈洪亮，和南仁东只是普通同事。有次修车时，陈洪亮把眼睛崩坏了。南老知道后主动找厂里给陈洪亮报工伤，一次不行找第二次，直到报上为止。

他特别能吃苦、节约，又平易近人，跟工人关系好，与工人相处能得到真正的快乐。在 FAST 基地，身为首席科学家兼总工程师的他，竟成了现场与工人最好的朋友。

他对学生和同事严厉，但对工人有一种天然的亲近感。他丝毫没有领导架子，到了工地现场，最喜欢与工人们聊天，一起席地而坐，就生活、工作、民俗等，天南海北，无话不聊。一开始工人们还放不开，聊久了发现他跟家中长辈一样，就不再拘谨了。他不只会聊

南仁东在 FAST 工地上（上图中间、下图后一为南仁东）

天，还会干活，吊装馈源支撑塔时，他就与工人们一起扶正定位管材。

"很难想象一个大科学家，在简陋的工棚里，与工人聊着家长里短。他记得许多工人的名字，知道他们干哪个工种，知道他们的收入，知道他们家里的琐事。"工人也完全不把他当"大科学家"，甚至直接用自己吃过饭的碗，盛水给他喝，像家人一样不避嫌，不生分，打成一片。

"如果他与工人蹲在一起抽烟，旁人都认不出来他。科学家总是要有些距离感，可他没有。"常年在工地，他因劳累而面容沧桑、皮肤黝黑，还跟学生说："我就像个农民。"他是带有泥土气息、工农气质的科学家。

工地条件艰苦，他每次回大窝凼时，都会给工人兄弟带些好吃的，有时是一包辣椒，有时是几个面包，有时是几袋水果，都能让年轻人乐上几天。河北来的水泥工人说："老爷子好着呢，给我们买被子。"

2015 年 8 月，他手术后返回工地，带来了两大包衣服，都是自己掏钱买的。原来他得知这批工人来自云南山区，是布朗族人，家里都非常艰难，便悄悄打电话给 FAST 工程师雷政，请他了解工人们的身高、腰围等情况。

他第二次到工地时，又随身带了一个大箱子，打开后都是为工人们量身买的 T 恤、休闲裤和鞋子。他说："这是我跟老伴去市场挑的，很便宜，大伙别嫌弃……"回来的路上，还对雷政说，"他们都太不容易了"。从这样一件小事里，可以看出他的细心，他的友爱，以及对普通劳动者的尊重。

他因为纯朴，还得了个绰号"山里人"。"他是这个时代比较少见的人物，常常会做一些在旁人看来比较特殊的事情。比如他常给工人送衣服、水果，资助贫困孩子上学"，姜鹏说。

陈学雷回忆，"我们要建望远镜，当听说准备在新疆、贵州选址时，南老师却很坚决地让我们去新疆而不要在贵州，他说贵州山里平地少而人太多了，建望远镜得影响周边多少老百姓都用不了手机"，他特别怕"扰民"。

黄雷说道，"在我脑海里，南叔叔是个'神人'，与'三教九流'都能打成一片，上到科学家，下到'贩夫走卒'，能与接触的每个人深入沟通，不是浮于表面或应付。比如在今天，假设您也是一位科学家，跟一位快递小哥深入沟通其实很难，首先您要有足够的时间了解他，同时还要有足够的意愿。我印象中的南叔叔，可以随时蹲在大街上，与小摊贩比如卖鞋垫的人去沟通"。

就像苏东坡，"上可陪玉皇大帝，下可以陪卑田院乞儿，眼见天下无一不好人"，眼里没有世俗尊卑，平等待人，成为中华文化的精神偶像。"我相信他在与贩夫走卒沟通时，脑子没想'我是与玉皇大帝沟通的人'。南叔叔脑子里根本没有名和利的概念，他享受和这个世界谈话的过程，享受了解世界上每一类人的过程。所以我觉得，他是一个罕见的人"，黄雷总结道。

这让人想到《射雕英雄传》中，第二次华山论剑时黄药师对周伯通的评论，"老顽童啊老顽童，你当真了不起。我黄老邪对'名'淡泊，一灯大师视'名'为虚幻，只有你，却是心中空空荡荡，本来便不存'名'之一念，可又比我们高出一筹了"，"五绝之中，以你居首！"

心里想着别人，很大度，是他的天性。小时候家里穷，每顿饭他只吃一碗，总是先吃完就跑出去玩。等大家吃完了，再回来看有没有剩的，如果有再接着吃，没有了也不吭声，继续跑出去玩。"3岁看老，我外孙保准有出息"，姥姥心疼地叹息道。他一辈子宅心仁厚，苦中作乐，继承了姥姥和母亲的基因。

仁刚回忆，"哥哥很多东西遗传自妈妈，她虽不识字，但很有传统文化教养，伦理道德要求高，该做什么、不该做什么很清楚。她教我们别打架，别伤害别人，不偷东西。只要惹祸了，先不管对错，打一顿再说。反正惹祸就错了，就该挨揍。这虽然简单粗暴，但很管用"。

"她教我们说话要礼貌，宽厚待人，很温存，很原始。有的家庭骨子里刁蛮，说一套做一套，我妈妈从不这样。妈妈没文化，没文凭，但品质好，文化与学历、阶层没关系。看看现在腐败高官，很有知识，但坏到什么程度，心里根本没国家、没有人民。"

这让我想到了丁龙，一个不认字的华工，因其用孔子的忠恕之道行事，懂得"己所不欲，勿施于人"，感动了美国将军，哥伦比亚大学为他设立了全美第一个专讲中国文化的讲座——"丁龙讲座"。这证实了中国家教的力量，不管识不识字，口口相传，便知晓大仁、大义、大节。

母亲给了他善良、正直的天性，但他最痛悔的，是母亲去世前，还与她吵了一架。他也有些宿命之感，认为母亲得癌症，自己也会，后来果不其然……

家庭给他的，除了仁善，还有更多，比如好的体质。他父亲获得过东北的短跑冠军，而且相貌英俊。他一直以父亲为骄傲，认为一辈子没有超越父亲。他虽无父亲的颜值，但继承了父亲的体质，自己身体非常好，常吃两顿饭，中午不吃或吃得很少，只有常人的一半。他还继承了父亲的尊严感，认为做人要体面。

慈母常常伴随着严父。"父亲特别严厉，他搞野外勘探，经常在外住一两个月，远离人间烟火。工作不顺，工资不高，家境不好，所以时常心情不好，脾气性格也不好。家里孩子多了，爸爸关心我们不多，更没有娇惯。我太淘气，虽比哥哥小5岁，挨的打比他多。爸爸一去野外，我们就'解放'了。大人心情不好，哪管什么讲道理，不能辅导什么，往往非打即骂"，仁刚心中的父亲，典型的旧式家长形象。

即使南仁东后来工作成家后，带同学去家里，吃饭时父亲也不让他上桌，还得在下面端茶倒水，毕恭毕敬，与平时那个活泼开朗、大家围着他转的形象，判若两人。

南老的家庭教养，让他懂得对工人平等相待，没有丝毫傲慢与势利。这让人想到爱因斯坦50岁生日时，贺电雪片般飞来，有国王、总统、总理的，有各类名流的，礼品单也有别墅、游艇、地毯……突然他听到有"烟草一袋"，原来是一位失业老工人寄来的。他眼眶湿润了，把国王、总统的贺礼放在一边，第一个给这位工人回信。

贵州省对 FAST 支持极大，常使他深受感动。1995 年，第一次大望远镜国际会议在贵阳举行，30 多位国际天文学家到贵州考察。当时的设想是在贵州建 30 面 200 米的大射电望远镜，要找 30 个大窝凼。

本来他们担心太过扰民，要求不要兴师动众。但当到某县时，县委主要领导全都等在县边界，车队一进入县城，全体人员就出来热烈欢迎，锣鼓喧天、载歌载舞，那沸腾的场面、热烈的气氛令专家们十分感动。当时南仁东表情凝重严肃，说道："贵州的老百姓太朴实了，一定要对得起他们！"

当时普定县听说大山里的尚家冲可能成为台址，就组织村民修了 8 公里通车路。那里是贫困地区，当地政府没有这笔经费，只能给农民补贴粮食和棉花。

1996 年，平塘县听说大窝凼很有希望，也开始修路。南仁东多次跟当地领导说，不要修，还没定啊……聂跃平感慨，"普定和平塘农民修的这两条路，都是在荒山野岭、岩石嶙峋的地方开凿出来的。按市场经济，几千万元也不够"。

看到当地老百姓硬靠双手、短时间凿出来十多公里路，他对任革学说："小任子，我已经踏上了不归路，我不能回头了！"他那时就下定决心，用这一生建好 FAST，以回报当地的老百姓。

"如果这事做不成，这份情就还不上"，"我们没有退路，一定要在贵州选出一个最好的台址，把这件事做成"。最后，他把自己变成了大山里的"村民"。

他到普定县时，被当成贵宾，吃住都很好，"他们比较开放，很会说话"。平塘县给他的印象是"愣乎乎的",最后选平塘县的大窝凼,依科学而非人情,他还觉得很对不起普定县。

"山里农民,再穷也会杀鸡给你吃!"这给他很大的心灵震撼。不论去哪里,总有县乡干部和农民带路。没路的地方,他们就用柴刀,在丛林中劈出一条来。

聂跃平说:"当地很热情,夹道欢迎。他这个人心软,怕欠人情,就去买水果来感谢人家。"从县乡买了水果,再带到山里送农民,"这可太沉了"。

他的心软是出了名的,但心软不等于软弱,但看大义所在。南仁东胆子大、敢作敢为,同样非常出名。"文革"中,他就读的清华大学无线电系主任李老师被人揪斗。他看见了,悲愤难耐,冒着巨大的政治风险勇敢冲上去救,自己也挨了不少打。那么多同学,只有他敢冲上去。

1966年夏天,他还与两位同学救了清华附中的刘立、林潇潇、刘忠、刘乙等人,这6人被红卫兵殴打,逃到清华大学校园避难。在那个人人自危的年代,南仁东主动伸出援手,担起保护这些孩子的重任,21岁的保护15、16岁的,"他丝毫没有恐惧感,一般人都会计较利害,特别是政治风险,他才不管那么多。他的善良、人性与大仁大义,是自然流露的"。

事隔半个多世纪,南老去世多年,受过救助的6人一谈到这位兄长,依然哽咽难言,词不成句,"南大哥与我们毫无关系,看到我们受欺负,主动伸出援手,给了一条生路,是我们的'救命恩人'","他人性中的真善美,对我们心灵有强烈的冲击,让我们铭记终生，对我们人生观的形成影响很大"。

"正直、善良、清白、向上，南大哥的人生观，让我们不怕困难，做人就要做像他这样的人。1979 年我结婚时，他还来看我，鼓励我放宽对工农兵学员身份的担忧，勇敢地考研究生，这可以说是对我的第二次恩德"，被救 6 人之一、现为中国冶金专家的刘忠谈道。

"我对他的看法很朴素，停留在兄弟、朋友、哥们儿上，他对我们同情、帮助、关爱……人民英雄、国家栋梁这些称号，他受之无愧！但我们纪念他，不是把他当英雄，是因为他心地善良，好想作为兄弟、朋友，一起坐下来喝点，推心置腹神聊"，刘乙说。

清华大学时的救人故事，几年后竟在通化重演。当时老厂长梦兆敏被打倒，每天下班前都要站在台上接受批斗，身心备受摧残。很多人同情老厂长的遭遇，但又怕惹火烧身，只能作壁上观。南仁东恰恰相反，为了让老厂长开心，主动上前与之谈天说地，遭到周围异样的目光。"全厂敢跟老厂长打招呼和说话的，唯有南仁东"，通化老人张锦芳回忆。

当时还有一位知识分子吴炳宣被批斗，因年纪大且有高血压，再加上股骨头摔断，行动极其不便。一次，吴炳宣鼻子流血不止，很多人为与他"划清界限"，虽有同情的眼神却不敢靠近。只有南仁东冲过去帮他止血和清洗，并搀扶老人去了医院，第二天南仁东还为老人偷偷地包了饺子送去。回想至此，刘绍禹感慨地说："那天我们在场不敢伸手帮忙的，都有愧呀！"

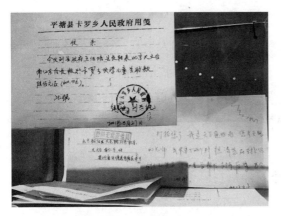

南仁东救助款收条（平塘县克度镇）

通化老同事回忆，没人知道南仁东下一秒会做啥，因为他有一颗灵动的大脑，有时他的行动充满侠义，而有些行为又带有随意性。因此，他做的事情常让人吃惊。

其实，无论心软还是心硬，无论什么惊人之举，都源于他的善念，他的人性。贵州人民的殷切期望和真情相待，是长达 12 年选址中，他最大的支持力量。在最艰难的日子里，每思于此，都激励他奋起。

第一次去大窝凼，爬到垭口时，他遇到放学的孩子们。那单薄的衣衫、可爱的笑容，触动了他的心。1996 年 5 月，他一回到北京，就给县干部张智勇寄去一封信，"打开信封，里面装着 600 元。南老师嘱托我，把钱给卡罗小学最贫困的孩子。他连着寄了四五年，资助了七八个学生，直到中学毕业"。

他还把受资助孩子们给他的信，拍照给侄女斯佳看，告诉她山里的孩子只有靠读书来改变命运，叮嘱"你是名老师，必须得尽己所能帮助他们，我给你个地址，你给他们邮点书和衣物"。

"那个时候，我们特别不愿跟大伯一起上街，因为他看到那些乞丐，通常会倾囊相助，把兜里所有的钱都掏出来给人。后来我跟他讲，有些人乞讨是职业，他说'谁都不想拿尊严来换饭吃，人如果沦落到乞讨为生了，也是有很多心酸的，我们尽最大能力帮吧'"，他心软若此。

对于他的善行，晚辈黄雷有自己的理解，"我在想，科学家始终在追求一件事情，就是所有事情，都要找到一个最合理、最优化的方式来解决。所以当他以这种思维逻辑来看待每一件事时，善和恶已经不是他考虑的了。比如帮助穷人，他是想我有我的方式，让这些穷人过好一点的生活，他要找到这样一条路，而且是最优化的一条路径"。

"再比如他做慈善，我想也会比今天外面那些人效率高，因为他是以科学的眼光解决问题的。'天眼'也是这样，国家给了他多少钱，他要最大化地用好每一分钱。他是以一个科学的思维来看待这件事情，找到最优方法，这是个科学观。"

"我觉得今天中国的各行业各领域，如果大家不用世俗心，而是从科学角度去寻找一个最优解决路径，很多问题已经能解决。我认为南叔叔早就脱离了世俗。"

他时刻关心贵州和黔南，多次提出项目建设一定要考虑对地方的带动作用，给百姓带来好处。大窝凼移民是最直接的受益者，核心区 5 公里范围内，2 个乡镇、8 个村迁出的 1794 户、8097 名村民都获得了充裕的补偿，生活得更加幸福。

村民们感慨，如果不是 FAST，他们可能一辈子也走不出大山。杨天信全家 6 口搬进安置点后，日子过得红红火火。村支书也感慨，几代人没想过，甚至不敢想的生活，今天呈现在面前。

"中国天眼"成为贵州省的世界级名片，移民安置点克度镇

贵州平塘克度镇的南仁东事迹馆与天文体验馆

成为"天文小镇"，被评为全国十大科技旅游胜地，每年游客至少20万人次，比美国"阿雷西博"多一倍。FAST推动了贵州省大数据与天文等科技研究，建成了大型超算中心，贵州大学、黔南民族师范学院等都从中受益。

FAST 的到来，使贵州省搭建起全球天文学家合作交流的高端平台，既开启了人类探索宇宙的新"天眼"，也打开了世界认识贵州的新"天窗"。甚至，连普通村民也因 FAST，打开了和世界沟通的窗口。村民李大艳以前在外打工，现在是一名宾馆服务员，下班回家就躲起来背单词，现在也能说简单的英语了。

西塞罗说："如果一个人能对着天上的事物沉思，那么他面对人间事物时，其所言所思就会更加高尚。"

显然，南仁东在人们心中，"德"一点不逊于"才"，如同爱因斯坦纪念居里夫人的感言，"第一流人物对于时代和历史进程的意义，在其道德品质方面，也许比单纯的才智成就方面还要大。即使是后者，它们取决于品格的程度，也许超过通常所认为的那样!"

弥留之际，南老双眼含泪，还对守在身边的夫人和女儿说："我好想，再去贵州，看看啊……"


## 3. 为人尽义

对比曹孟德，南仁东正好相反，"宁天下人负我，我不负天下人"。他生命后期，像一个可怜的债务人，自认为欠了大批债，欠国家、欠人民、欠贵州、欠亲友……债单上，不是责任，就是良心。

FAST 立项后，累计投资不到 12 亿元，不及上海 2 公里地铁的造价。但在当时，是令人咋舌的科学大工程，竟令一贯洒脱的南仁东寝食难安，手足无措。他本是喜欢自由、有些散漫的性格，不喜欢羁绊，却因为良心，自觉担起了重责，"我大概感到非常大的压力，是一个新万里长征的起点，我们有太多的工作需要做"。

"这是我人生非常重要的一段时间，忐忑不安，充满压力。当然，项目顺利的时候，我也会感到轻松；但这都是转瞬即逝的，接着就是还要怎么干。压力，压力，还是压力……"南老坦陈。如同孔子所言，“仁以为己任，不亦重乎？”

"我这个人比较讲信用，我答应别人的事，我拼命地要做。对工程的责任感、对国家的责任感，压力太大"，他反复说的压力大、没退路，源于自己的“信用”标准高。

"我做什么，只为了自己心里舒服，不存在谁欠谁。别人硬要回报给我，我反倒不舒服了，破坏了我的本意。"他做事不求回报，不想欠人……如果非要搞清楚谁欠谁，最后结果应是：他欠人少，人欠他多，他才该是债主。

"南老师心里面临的压力很大。也许正是这些压力，让他过早离开了我们"，国家天文台孙才红研究员红着眼睛说。"拿到钱之前，他吹牛、开玩笑，洒脱得很；拿到钱之后，就洒脱不起来了"，"是不是跟很多人反过来了？"周围的同事说。

2011 年，FAST 正式动工那天，南仁东对身旁的人员说："造不好，怎么对得起人家？"他后来还谦虚地说："我谈不上有高尚的追求，没有特别多的理想，大部分时间是不得不做"，"人总得有个面子吧，你往办公室一摊，什么也不做，那不是个事。我特别怕亏欠别人，国家投了那么多钱，国际上又有人说你在吹牛皮，我就得负点责任"。

虚荣的人注视着自己的名字，光荣的人注视着祖国的事业。古巴诗人何塞·马蒂的名言，是南老后半生的注释。"这是国家交给的任务，不能辜负"，"如果没成功，我怎么交代？欠了国家的、乡亲的，我有退路吗？……建不成，我从这个山崖跳下去"。

为了“安静”观天，确保“眼尖耳灵”，方圆 5 公里核心区里数千名群众搬离故土；平塘县关闭了核心区及附近的所有通信基站；罗甸县搁置了机场项目；黔南州划出近30公里的电磁波宁静区……一切的一切，为FAST筑起一道道安全运行防护网。这定会让南老觉得：欠人家太多。

"如果FAST有一点瑕疵，我们对不起国家和整个贵州省人民。"特别是普定县李维星、罗罡的牺牲，也重重地压在他心上。事情发生在1995年3月30日晚。李维星、罗罡等人进行电波频率监测，已连续进行了25天，九龙坡洼地是这一轮测试的最后一站。但汽车在归途中，突然方向盘失灵，翻滚着掉进200多米深的河谷之中。

李维星遇难时，胸前抱着仪器。他的父亲还说："星儿每天一回家，就嘱咐不能让侄儿侄女碰他包中的仪器。'珍贵得很，全国就这一架，还是荷兰朋友借的，比人的生命还要贵重！'他反反复复地，不知道说了多少遍。"

南仁东当晚接到噩耗，哽咽着说："太可惜了，他们才二十一二岁啊，多好的科技人员啊……"他随即发了唁电。"也许是他背负太多的责任了"，姜鹏说。为此他曾告诉任革学："小任子，我没有退路了，这辈子只能干这事了。"

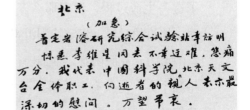

南仁东给普定县的唁电

工程在建时，有人问，"建成后，国家得好好奖励你吧?"话不投机半句多，南仁东转身就走。对方看情绪不对，追上来问怎么了，他说："如果项目建不好，对不起国家，对不起贵州人民，对不起团队，对不起大窝凼乡亲。"

这就是他著名的"四个对不起"! 都是他欠别人的，从不问谁欠他的。他一遍又一遍地说"对不起"，念念叨叨地，像祥林嫂似的。

他心里想的是，大家因 FAST 捆绑在一起，只担心 FAST 失败，否则良心难安，对不起大家。至于毁誉，任人说吧，那不是他考虑的。

"南老师，做这项目对我个人能力提高很大!"每当听到参与者这话，他就如释重负、面带感动地急切回答："你这么说，我心里就宽慰多了，我担心做我的项目，影响了你!"这话很自然、很暖人心，真是"一沙一世界、一言一品格"。

"我没有特别多的成就感，我有过高兴，转瞬即逝，我享受了这一生命过程，没有那么多大喜大悲"，"回首往事，有苦有甜，挫折的时候，肯定特别沮丧，感到苦恼。怎么办? 最后靠大家的努力，克服困难，匍匐前行。它依靠大家，甚至几代人，不是我个人。与我有点关系，不大，它是一大群人的拼搏和努力，我们甚至于说一代人的努力"，2016 年他接受央视采访时表示。

罹患肺癌后，迎接他的不只是 FAST 的建成，还有天堂的召唤。如果换作一般人，可能会被病魔击倒，但他早有预感，异常平静。既然不可避免，能做的不过是和死神赛跑。他在生命最后时光，将自己多年的研究经验，悉数整理出来，供后人参考，可以说是鞠躬尽瘁。

"哥哥建'天眼'，也是为荣誉而战，为守信而战，为承诺而战。他有荣誉感，有做人尊严，有更高的底线"，仁刚说，"幸亏'天眼'搞成了，搞不成，他真要从悬崖跳下去，他压力太大了"。

这让人想到爱国实业家卢作孚，1951年，他反复与挚友晏阳初讨论何去何从。最终，他毅然选择从香港回来，将船全部运回祖国，这既是爱国之举，也是做人之义。"我不能丢下公司和船不管"，他与员工一起，荣辱与共，肝胆相照。

义利之选，人格干净，古有明训。抛下别人，图一己之安，不是几千年来中国义士的选择。就像老令公杨业，陈家谷口含冤战败之后，他与少数人是有条件逃走的，但那不是他的选择。可以说，君子殉于道义！

"他心里永远装着别人，这是他人格魅力最闪耀的部分"，央视主持人撒贝宁眨着湿润的双眼。

他的学生们既为老师的科学严谨所折服，也被其人格魅力打动，评价"南老师为人低调、不喜张扬，有侠义心肠"。

"他是个有感恩之心的人，他要向所有参与'天眼'的人，无论是贵州的，还是学生与同事，都表示感谢"，郭家珍谈道，同时"我也感谢大家，容忍他的坏脾气"。

原来，他一直有个"对外面人宽、对自己人严"的毛病，对身边工作人员要求很高，甚至苛刻。同事回忆，"南老师自己常骑自行车，我家里远，拿来 300 元'的票'报销，他还不高兴，说我'公子脾气'。我也觉得很委屈，气得自己把票撕了"，"有时达不到他的要求，总认为人家不够努力，都太懒"。有时他还爆粗口，冲人喊叫，拍桌子，吹胡子瞪眼，让人不舒服。朱文白等专家，可以说是他用鞭子抽出来的。

他对亲人，也不讲情面。"我大学毕业前夕给伯父发邮件，委婉地表达想去北京工作，请他帮个忙。但是，伯父只给我回了一句话，还是英文的，'第一个青春是上帝给的，第二个青春是靠自己努力的'。很惭愧，我当时并不理解伯父的苦心，还怨恨过他的'冷漠'"，南斯佳回忆。

后来，南斯佳在老家做了技校老师，技校的学生基础差，课堂上经常会闹出很多笑话，比如把贝多芬说成画家，把达·芬奇说成是音乐家，她把这些事情讲给伯父听，没想到受到严厉批评：

"我觉得一点都不好笑，你太不厚道了，做老师'以五十步笑百步'，你必须把自己建设好了再去教别人，技校学生文学素质是短板，如果你把这些孩子教好了，你将提高整个社会的素质，看看，你正在做的是一件多么重要、多么伟大的事啊，你还好意思笑，你如果把课堂上的教育方式变为肯定和鼓励呢。你可以说，同学们说对了一部分，他们都是欧洲文艺复兴时期的艺术家，只是你们把他们从事的领域给搞混了，下面老师就给你们讲一讲。这样，效果是不是会更好一些呢？"斯佳认真反思了伯父的教导，后来成了深受学生欢迎的老师。

而任革学的回忆，满是温馨："他夸人厉害，喜欢的就使劲夸，说我如何优秀，表扬的言辞现在想起来像梦一样。当时我还是副教授，他不讲资历，就让我牵头馈源塔，涉及力学、经济、土木等5个方面，机会非常难得。"

2017年1月，南仁东获科技创新人物奖，名列首位。他平时不肯抛头露面，颁奖仪式开始也是推辞，但最终还是去了。舞台上，到了生命最后一年的他，头发花白而稀疏，已不再是那个身手敏捷的"老南"了。他穿着自己最喜欢的西服，双手自握，躬了一下身，仿佛在敬礼。他的语音沙哑，断断续续地说：

"我在这里，没有办法，把千万人，二十多年的努力，放在，一两分钟内……我在这个，舞台上，我最应该做的，就是感激，感激！这个，荣誉，来得，太突然，而且，太沉重。我觉得我，个人，盛名之下，其实难副。"

"但我知道，这份，沉甸甸的，奖励，不是给我一个人的，是给一群人的。我，更不能忘却的，就是，这二十二年，艰苦的岁月里，贵州省，四千多万，各族父老乡亲，和我们，风雨同舟，不离不弃……我再一次，借这个机会，感谢，所有，帮助过我们……帮助过FAST……的人，谢谢！谢谢！"

这段话不够连续，却是他癌症晚期尽全力说出的，每一个字，都是南老的心声。这是他留在人世的最后声音，也是留在视频里的最后形象。原来，他从不同意到同意出席这个颁奖盛典，是想借中央电视台这个大平台，表达一下感谢，说几句心里话。

这也是他在向这个世界，作最后的公开告别……

"最初听到南老师走了，心里着实一惊，也多了一个疑问，为什么要到美国去治病呢？我寻思出的唯一能让我接受的理由，就是他不愿意麻烦大家给自己送行，也绝不享受别人为自己做什么"，任革学说。

"后来他出名了，我不想找他。'天眼'建成时，我也没有给他发贺电，没想到这么快就去世了。现在，我很后悔，是一种恨！我必须写点什么，纪念他的《清明追忆　一个梵高　世间再无南仁东》写完后，心里才好受一点，才解脱一些。"

"有很多溢美的词用在南老师身上都不过分，他求真、爱美，但是如果让他本人为自己挑一个字，我猜他会毫不犹豫地选择'善'"，"他愿做一个大善人，他的根本信仰是善"，任革学坚信。

诗因郁结，《诗》三百篇，大抵圣贤发愤之所为作也。任革学在悲痛难抑时，写了许多诗：

### 天眼泪

花开无语香迷人，月圆有时照星云。

穹宇新驻仁东星，天眼泣泪梦已真。

### 那位梵高

星月夜蔚蓝，苍穹深无沿。

那位梵高笑，天眼浩空照。

## 英雄泪

侠骨柔肠，英雄泪几场。

真爱难当，离别心伤。

亲恩难忘，纵泪千行。

心在天际，儿女情长。

凼水流淌，星光如响。

磨镜对天，银河入场。

独对天眼，荡气回肠。

馈源圈梁，高塔天舱。

多少心思，洼地深藏。

心殇，何为不借我几日长。

不愿主场，这英雄谁当？

独来独往，酒醉又何妨。

凭栏望天，我心翔。

仁东星，却要起航。

高山流水，知音何方？

一生苦短，儿女情长。

这英雄泪，谁愿意尝？

南老一生行善，例子不胜枚举。"他对别人的好，深入骨髓。他本来也是台长人选，但'对手'新台长来后，他说'我从来不给领导添麻烦'。他非常宽容，能体会别人的不容易。有一次新台长被车撞倒，他十分同情，绝不会幸灾乐祸。""他无恶念，没有作恶，从不算计别人，从不自私自利"，斯可克说。

他一辈子都很重旧情，对自己同胞这样，对外国人也是。2012年英国曼彻斯特要开射电天文会议，田文武犹豫去还是不去。南老很认真地劝他，"这个会议还有一个主题，就是庆祝查理教授70岁生日，感谢他对SKA的卓越贡献"，当时他刚从SKA总台长位置退下来。

查理教授是南仁东第一次去荷兰的合作伙伴和老板，他们感情很深。南老心中始终有老朋友，对人很真诚，一旦有机会，就一定要把这情感表达出来，这也是他人脉广和支持多的根源所在。

南老去世后，有人评论说："八卦、娱乐都是流水，唯有科学是在不断攀登"，并用毛姆《月亮与六便士》来比喻"在这个满地都是金钱的年代，他却抬头看见了月亮"。

对于社会上讨论的科学家与文艺工作者收入差距问题，南老的弟弟仁刚认为，"艺人发财，与他无关，他不会骂，不会贬损他人的职业，会认为是合理的，他心理没有不平衡。他对社会的理解，对人性的包容，不能以常人来度量"。

"他有些品质我永远也学不会，比如怜悯之心，我可能永远也做不到他那么善良"，姜鹏说，他同情弱者，愿意从弱势群体角度，审视这个世界。

"望之俨然，即之也温。远处看他，是很严肃的人。但一接触，就能感受到他人性的光辉或温暖"，朱文白说。

他对人的态度，与孔子对教育的态度有相似之处。孔子既有教无类，也因材施教。他的好、他的善，是对任何人；同时也因人而异，比如对身边人，就比对外人严格；对工人特别好，对地位高的人未必那么毕恭毕敬；他与导师观点未必一致，但对王绥绾老师十分尊重。

他的做法，已超过了投桃报李。他总想不欠人，但永远还不完。也许，一个人道德水准越高，越觉得亏欠别人；越懂得感恩，越想报答别人。

南老有待人之仁，有救人之勇，有超卓之智。智仁勇三达德，集于一身，似已达到儒家传统人格之典范。"智者不惑，仁者不忧，勇者不惧"，也许，这正是理解南老传奇一生的钥匙。

南老病逝的消息传来，国家天文台台长严俊把自己关在屋里哭了一场，并说，"'天眼'就像为他而生，也燃烧了他最后20多年的人生"，"他是条硬汉，但同时有一颗柔软、澄澈和慈悲的心。他最珍贵的回忆，是早年下工厂锻炼回城时，200多人追着火车送他离开的场景。他常说：'现在我很难达到这个程度了吧？'事实上他错了，9月15日清晨，为他流泪的岂止200人"，"在得知他溘然离去的那一刻，我心里默默地想：你没有离去，你不会离去，你永远活在我们心里！"

田文武惊闻恩师仙逝，心中突然感到"深秋凄冷的敌意"，一整天魂不守舍。到晚上清醒点，就撑着满腹的悲恸，写下《一个性情中人》，他心中的"老南"，是"一个精神高贵又平易近人的'士'，一个有艺术气质的功勋科学家，一个技艺精湛不断创新的匠人，一个知识渊博幽默诙谐的大师"，"三生有幸与您有师生名分，愿来世再做您的学生，愿先生在天堂继续遨游宇宙……"

跟随项目始终的朱博勤说，"有一种浪漫的说法，人去世之后，会变成一颗星星挂在天上。这次我希望这个说法是真的，这样'天眼'就能看到南老师，相信他也会看护、眷顾 FAST"。

他逝世后几年，熟悉他的人接受采访，无不是数度哽咽、泣不成声、不停抹泪、泪流满面……正所谓"爱人者，人恒爱之"。

国家天文台葛春波的悼念诗写道，"宇宙之浩瀚，人类之渺小。何以存世，唯一身正气；缘何坚忍，唯报国情怀"。

他逝世后，贵州省、黔南州和平塘县发来唁电，"南仁东先生朴素宽厚、淡泊名利、待人诚恳、胸怀全局、鞠躬尽瘁，值得我们永远学习"，"给我们留下宝贵的科学成果，宝贵的精神财富，永远激励我们奋发向上"，"南仁东先生永远活在我们心中！"

国际友人发来的唁电也很多，公布的 18 份唁电都对他赞誉有加，比如，"我们喜欢他的人格、他的即兴绘画。他是一个真正胸怀世界、真诚可信的中国人"。美国艺术与科学院院士、华裔天文学家林潮称赞他"朴素宽厚，淡泊名利，待人诚恳，胸怀全局，鞠躬尽瘁"。

荷兰 ASTRON 射电天文台第一时间发布了讣告。有一位科学家 Titus，在自己去世之前，还专门坐轮椅飞到中国，只求最后看他一眼。荷兰的天文学家 Wim，80 多岁了，找机会就来中国，只为了和他见面。2017 年 4 月是他俩最后一次见面，两人紧紧拉着手。南老去世后，他摇着头悲伤地说"不会再来中国了"。

熟悉南仁东生平的吉林作家祝成侠，几年后一提起他来，仍很激动，满是伤感和遗憾，"有一次开会让我发言，介绍南老事迹，刚讲完规定的 1500 字，我就忍不住哭了，既为他的事迹感动，更为他那么多不为人知的好东西被埋没了而伤心。人们知道的只是冰山一角，他的'大我'，远远超出常人。他关注的是全人类，也超出'地球人'，关注的是整个宇宙"。

"南老师是我最敬佩的学者，让我看到老一辈科学家对国家、对学术的热爱。他也是我灵魂的引路人，让我在物欲横流的当下，能坚守心中最初的科研梦想，并为之不懈努力"，朱博勤的心中满怀悲痛！

"好多年不见了，后来从电视上看到他，所有他的电视我都看，边看边掉泪，非常伤心。他用生命来换天眼，终于成功了，领先全世界，太了不起了"，远在加拿大的刘乙，是他在清华大学救助过的 6 位中学生之一，在我们的视频会上，说着说着就痛哭失声。

黄金生说，仁东逝世后的很长时间，自己都失魂落魄，经常一个人默默发呆，一个多月经常独自伤心落泪，"全班同学都悲恸不已，至今无法释怀！2019 年同学毕业 50 周年聚会，大家专门去了一趟万安公墓凭吊，家珍和思洋还专门来安慰大家"。

"他的音容笑貌、他的聪明睿智、他的诙谐幽默、他的刚正不阿、他的从不趋炎附势、他的勇敢和从不向邪恶势力屈膝、他的对真理的执着追求以及他待人的宽容和善良，都像深刻的烙印一样，永远地印记在我们的心里。我们永远永远都想念他、怀念他！"

"我印象最深的，一是他有科学家的超人智慧；二是他非常善良幽默，和他在一起是一种享受，能相处一会儿，就特别舒服，很快乐。我喜欢、敬重他，是少有的。一想起，就由衷喜欢这个人，哪怕相处一小时、半小时，都很愉快，都是享受。现在，我对每次见面，都能回忆起来。"

清华学友斯可克平静的语调中，充满了深切怀念，"我和他一起共事多年，虽然他自己身体不好，但还是经常嘱咐周围同志关心我的身体，为我提供尽可能好的条件。他处处为别人着想，尽量减少别人的麻烦。每一件小事上，都显露出他内心的善良"，"我最敬佩他的地方是：异于常人，智商高，正派，认真，执着，有同情心，活得自在快乐"。

清华好友张德杏惊闻老同学仙逝，彻夜痛哭，第二天凌晨写道："几十年前，我们相识相知于清华大学无线电系，亲如手足，形影不离，他不仅是一位天文学家，还是一位诗人、一位艺术家，是一个烟不离手、多愁善感、满怀爱心的幽默大师！……他是一个钢铁硬汉、坚韧忘我地顽强战斗了二十多年……他梦想成真，给世界和我

斯可克与出国治疗前的南仁东合影

们子孙后代留下了一道美丽的科学风景！"他还当即画了 FAST
手表设计图，限量生产了一批精制手表，让人们永远记住这位
"天眼之父"。

高中同学吴学忠祈愿，"仁东的灵魂已随着美丽的宇宙太空，
以它的神秘和绚丽，召唤他踏过平庸，趋于高尚，进入它无垠的
广袤……仁东以他的睿智，把天理、地理、物理、人理、心理、
真理搞通了，他心怀宇宙大爱，把自己的一切奉献给了自己深爱
的祖国和全人类……天佑仁东，让他留给我们一只望穿宇宙的
'天眼'，去探索、发现外星文明"。

蜡炬成灰泪始干，亲友思念泪难干。真情的泪水，多数人都
忍不住。即使南老逝去 3 年多后，东北汉子姜鹏在中央电视台面
对全球观众时，也忍不住退场抹泪。马克思说："面对我们的骨
灰，高尚的人们将洒下热泪。"一生低调的南老，无意中做到了。
虽然依他的天性，定不情愿人们为他而哭。

南老活在人们心里，大家记住了一个不愿被记住的人。他
是一个让人见了一面，就很想了解的人，一个实现了"世界那
么大，我想去看看"的
人，一个活过、玩过、
笑过、哭过、爱过、痛
过的人，一个梦想过、
现实过、幽默过、奉献
过、宽厚过、严苛过、
孤独过、热闹过、高大

张德杏专门制作的南仁东纪念手表

过、渺小过的人，总之，是一个有趣的人。人们对他一生的问号越多，得到的惊叹号就越大！如同王宏甲所言，他在不断访问"不朽"！

南老不好名，不爱钱，他的遗产，也不同于常人。"中国天眼"当然被看成他最大的遗产。但我以为，也许比这更大的遗产，是他在生活琐事中，累积起来的做人品格，在中华文明历史长河中，传承了仁义礼智信，传承了孟子所言的"大丈夫"。

"再想深一点，我觉得南叔叔这个人，他活过、爱过、奉献过，精彩纷呈。今天绝大部分中国人，到自己离世的那一刻，都觉得自己没活过，在这个世界没有留下印记，活得不鲜活，没有生机勃勃的生命力。所以，他的活法，应该是这个世界上很高的境界"，黄雷感叹。

任革学的感受也相近，"南老师的人生演绎的是精彩与传奇！他热爱美与善，如又一个梵高。他的内心曾有热切的渴望，渴望无限勤勉的努力成就完美作品时内心的美好感觉，哪怕是短暂的美意"。

"他玩过、幽默过、孤独过、关怀过、爱过，但更多的是，在执着的苦行中求索过，也许不曾得到，也不奢望被理解。天赋使他惜时如金，撰写了美丽人生。我不知道他是否觉得，自己的一生已尽兴？但我知道他的目光，一定还被宇宙的神秘和绚丽吸引。"

"南先生度过了极好的一生，唯一有些遗憾的是他未曾拥有自己的宇宙飞船，否则他一定会在今年偷偷一个人驾着它飞向太空，扭头看着身后望着他、尊敬地称他为首席的、目瞪口呆的家伙们，哈哈大笑！"王天挺的想象，似得南老的神韵，也为南老生前所认可。

南老离世，留给亲友泪水和思念，留给后人感动和叹息。但也许，人世的悲欢，在他眼中，在茫茫宇宙面前，并不值得那么萦系于心。也许，他还会在天空上，半是嘲讽地补上一句，"COMEDY IS OVER"，滑稽戏结束了！并自然地做个鬼脸。

这让人想到东坡临终时的坦然，"吾生不恶，死必不坠，慎无哭泣以怛化！"也想到王阳明同样的超然心境，"此心光明，亦复何言！"

但是，人们依然会记住他严肃的一面，如同南夫人所言，"他是个有使命感的人，人生信条是清白做人、诚恳待人、不拘一格、勤勉尽职。他虽然已经永远离开了我们，但是他言传身教树立的家风长存"。

"你没有给孩子们留下什么钱财，但你留下了宝贵的精神财富，够他们受用一生啦！我可以告慰你的是：孩子们得了你的真传，个个自强不息，有担当。我们的外孙女继承了你的绘画天赋，最近拿到好几所大学的录取通知。你一定很高兴吧？"

"你的精神力量不仅鼓舞着家人，在社会上也引起不小的反响。你得到国内外许多相识和不相识的人们的尊敬。"

人心是杆秤，称出人格分量。南老去了，亲友们的落寞、惆怅、后悔、泪水，说明了一切。即使不相识的人，一了解便敬重。有一次，南夫人去银行，办事员了解后一惊，"这是那位造'天眼'

北京万安公墓中的南仁东墓地

的老先生吧？他真了不起！"

他的骨灰盒上需要一件很薄的瓷照，一位义乌商人费尽周折烧制成功，还坚决拒收费用，"这是一位大科学家，为国家作出了巨大贡献，这一单一定不能收钱"。墓地管理单位，主动给他家价格优惠。墓碑前，常有别人献的鲜花，墓碑被擦得很干净。我去万安公墓祭扫时，一位卖花姑娘主动带我去，在刺骨寒风中费劲找了好一会儿，一点也不厌烦，让我很过意不去。

桃李不言，下自成蹊。"他没有用语言，教导过我要正直、善良、面对疾病要乐观；也没有用语言，教导过我工作要执着、兢兢业业、精益求精；更没有用语言，教导过我要无私奉献、淡泊名利"，"但他，行胜于言"，"如果'天眼'也有眼泪，一定会为您流下感激的泪、思念的泪、期待的泪"，杨清阁感叹。

　　鲁迅先生说，"我们自古以来，就有埋头苦干的人，有拼命硬干的人，有为民请命的人……这就是中国的脊梁"。南老正是这样的"中国脊梁"。

　　南老打开了"中国天眼"，却闭上了自己的双眼。望着无垠的星空，我们用心呼唤，你在哪里？啊，是那一颗星！不，是那满天的繁星！

　　最后，让我们虔诚地望着浩渺的星河，诉说当代的《示天》：

　　　　死去原知返星空，但悲不见天眼功。

　　　　脉冲新星已逾千，天祭无忘告仁翁。

# 附一

## 南仁东先生生平

一、1945 年，出生于吉林省辽源市龙山区，6 岁上学，先后就读于辽源中兴小学校、辽源四中、辽源五中，因学习成绩异常突出，屡获学校表彰。

二、1963 年，以优异成绩夺得吉林省理科"状元"，考入清华大学无线电系。

三、1963 年 9 月—1968 年 11 月，就读于清华大学无线电系真空及超高频技术专业，获学士学位。

四、1968 年 12 月—1978 年 10 月，就职于吉林省通化市无线电厂，后任技术科长。

五、1978—1992 年，在中国科学院读研究生并留在北京天文台工作。

1978 年 9 月—1987 年 7 月，就读于中国科学院研究生院（导师王绶琯），先后获理学硕士和博士学位。

其间 1982 年 9 月—1989 年 8 月，就职于中国科学院北京天文台，任助理研究员。1984 年始，南仁东使用国际甚长基线网对活动星系核进行系统观测研究。在这一领域的早期发展阶段，主持完成欧洲及全球网十余次观测。首次在国际上应用 VLBI"快照"模式，取得丰富的天体物理成果；VLBI 混合成图，达到国际最高动态范围水平。建立中国相关后图像处理中心，使 20 世纪 80 年代中国进行 VLBI 数据分析成为可能。

1985 年以后，先后在荷兰、日本、加拿大、美国、英国及意大利等多家天文机构进行客座研究。两次与欧洲甚长基线联合研究所签订长期交换协议，参与推进我国观测站进入欧洲网。

1985 年 12 月—1987 年 5 月，在荷兰德云格勒天文台做访问学者。

1989 年 9 月—1992 年 10 月，就职于中国科学院北京天文台，任副研究员。

1990 年 9 月—1991 年 9 月，在日本国立天文台做客座教授，随后回国。

六、1992 年 10 月—2008 年 4 月，就职于中国科学院北京天文台，任研究员、博士生导师。

其中，1993 年，在日本国际无线电科学联盟大会上，科学家们提出，在全球电波环境继续恶化之前，建造新一代射电望远镜，接收更多来自外太空的讯息。南仁东跟同事们说："咱们也建一个吧。"

1993 年 12 月—1996 年 12 月，任北京天文学会理事长。

1994 年 1 月—1998 年，任北京天文台副台长。分管科研管理、学术委员会、科研大项目等工作及做射电天文大设备研究。

1996年9月—1997年4月，在日本国立天文台做客座教授。

1996年10月—1999年10月，在国际宇航科学院IAA的SETI委员会，任SOC委员。

2000年12月—2008年12月，任《中国天文和天体物理学报》（ChJAA）编委。

七、1994—2006年，一直负责FAST的选址、预研究、立项、可行性研究及初步设计。

1994年7月，南仁东在推进"大射电望远镜"工作中，正式提出500米口径球面射电望远镜（FAST）工程概念。当年，他又提出利用喀斯特洼地作为望远镜台址，建设巨型球面望远镜作为国际SKA的单元，开始启动贵州选址工作。为了给500米口径球面射电望远镜（FAST）工程选址，带着300多幅卫星遥感图，跋涉在中国西南的大山里，先后对比了1000多个洼地，时间长达12年。

1995年11月，"大射电望远镜"中国推进委员会成立，由南仁东任主任。

2003年8月—2006年8月，任国际天文学会射电天文分部（IAU Division X）副主席。

2005年7月—2010年7月，任国家无线电频率规划专家咨询委员会委员。

2006年8月—2009年8月，任国际天文学会射电专业委员会主席，为中国天文学界第一次在此层面任职，在国际射电天文界得到同行的认可与尊重。

八、2007—2017 年，FAST 立项成功并建成。

2008 年 4 月—2017 年，就职于中国科学院国家天文台，任 FAST 工程总工程师兼首席科学家。

2014 年，FAST 反射面单元吊装前，南仁东亲自进行"小飞人载人试验"。

2015 年 3 月，南仁东被确诊肺癌，手术后声带受损。

2016 年 9 月 25 日，500 米口径球面射电望远镜（FAST）工程在贵州省平塘县的喀斯特洼坑中落成启用，并开始接收来自宇宙深处的电磁波。

九、2017 年 9 月 15 日，南仁东因肺癌突然恶化，抢救无效逝世。

南仁东生前发表科技论文 222 篇，出版专著 7 部，撰写技术报告 6 本，获得专利 36 项，论文被 SCI 收录 56 篇，被 EI 收录 65 篇，SC 和 BI 引用近 900 次。除"中国天眼"外，多次参与国家重大科研项目。

# 附二

## "中国天眼"简介

### 一、"中国天眼"大事记

1994 年 6 月，启动 FAST 选址工作，开始了历时十余年的预研究。

1995 年初，FAST 推委会获得 6 万元的中科院院长基金的支持。美国开始关注 FAST 团队，最权威的《科学》杂志以"大跨越"为题，大篇幅报道了贵州选址工作，赞美中国天文学家的雄心壮志。

1998 年以后，多次开展国际合作，比如与英国、澳大利亚开展 FAST 接收机合作，与德国开展 FAST 馈源支撑系统合作，提升 FAST 的研究与管理水平。

1999 年 3 月，中科院知识创新工程首批重大项目"大射电望远镜 FAST 预研究"启动。

2005 年 1 月，国家自然科学基金委交叉重点项目"巨型射电天文望远镜的新模式"启动。

2005 年 9 月,中科院组织召开了国家科技重大基础设施"FAST 项目建议书专家评审会",项目顺利通过评审。

2006 年 3 月,中科院基础科学局举行"FAST 项目国际评估与咨询会",与会专家一致认为项目可行,建议尽快立项和建设。

2007 年 7 月,国家发改委批复 FAST 工程正式立项。

2008 年 10 月,国家发改委批复 FAST 工程可行性研究报告。

2008 年 12 月,FAST 工程奠基。

2009 年 2 月,中科院、贵州省人民政府批复 FAST 工程初步设计和概算。

2011 年 3 月 25 日,FAST 工程正式开工。

2012 年 1 月,"射电波段的前沿天体物理课题及 FAST 早期科学研究"(FAST 973 项目)正式启动。

2012 年 12 月,FAST 台址开挖与边坡治理工程通过验收。

2013 年 12 月,FAST 工程圈梁钢结构顺利合龙。

2014 年 11 月,FAST 馈源支撑塔制造和安装工程通过竣工验收。

2015 年 2 月 4 日,FAST 索网工程完成合龙。

2015 年 11 月,FAST 馈源舱首次升舱成功;舱停靠平台通过验收。

2016 年 6 月,FAST 综合布线工程通过验收;140MHz—280MHz 接收机完成安装。

2016 年 7 月,FAST 反射面单元完成吊装,FAST 主体工程完工。

2016 年 9 月 25 日，FAST 工程竣工，落成启用。

2017 年 8 月，FAST 首次发现脉冲星，10 月 10 日获得国际认证。

2018 年 2 月，FAST 首次发现毫秒脉冲星，4 月 18 日获国际认证。

2020 年 1 月 11 日，FAST 调试完成，通过国家验收，正式开放运行。

2021 年 3 月 31 日，FAST 对全球科学家开放，接收观测申请。

2021 年 8 月，FAST 正式启动国际项目的科学观测。

2022 年 1 月，FAST 共发现 509 颗脉冲星，到 7 月已达 660 多颗，并在快速射电暴、中性氢宇宙等领域取得一系列重要成果。FAST 已经成为中低频射电天文领域的观天利器，进入"多出成果""出好成果"的新阶段。

2024 年 9 月 25 日，FAST 落成启用 8 周年之际，国家天文台计划建设 24 台 40 米口径射电望远镜，与 FAST 组成核心阵。

2024 年 11 月，FAST 发现的脉冲星突破 1000 颗。


## 二、"中国天眼"基本数据

1. 面板：总共 4450 块，380 多种，面板边长平均 11 米，全铝结构，总重约 2400 吨，共 395 种尺寸。

2. 促动器：液压型促动器，最短长度分为 1.780 米和 1.380 米两种规格，促动器数量 2225 个，每个重量不超 120 公斤。

3. 可观测最大天顶距：40°。

4. 可观测频率：70MHz—3GHz（未来可以升级至 8GHz）。

5. 波段角分辨率：2.9 角分。

6. 地理坐标：25.6525°N，106.8567°E。

7. 照明口径：300 米。

8. 深度：134 米。

9. 张角：112.8°。

10. 索网：口径 500 米，曲率半径 300.4 米，采用短程线分型（最均匀的球面网格划分方法），总共 6670 根主索，2225 个主索节点、下拉索，索网总量 1300 多吨。

11. 有效截面积：主索截面一共有 16 种规格，截面积介于 280—1319mm² 之间。

12. 下拉索长度：介于 1—60 米之间。


## 三、"中国天眼"基本特征

大——反射面由 4450 个反射单元构成，总面积为 25 万平方米，相当于 30 个标准足球场那么大。如果把它看成一口盛满水的锅，容量够全世界每个人分到 4 瓶水。尽管反射面板才 1 毫米厚，也用掉 2000 多吨铝合金。

巧——30 吨的馈源舱通过 6 根钢索控制，可以在 140 米高空、206 米的尺度范围内实时定位。

强——能看见更遥远暗弱的天体，它 1 分钟就能发现的星体，即使把坐标提供给百米口径的射电望远镜，对方也要 9 分钟才能看见。

精——500 米的尺度上测量角度精确到 8 角秒，10 毫米的定位精度要求最高做到了 3.8 毫米。

# 附三

## 南仁东及"中国天眼"获得的荣誉

一、2016 年 12 月，获评"2016 中国科学年度新闻人物"。

二、2017 年 1 月，获评"CCTV 2016 年度科技创新人物"。

三、2017 年 5 月，获得首届"全国创新争先奖"。

四、2017 年 7 月，入选为 2017 年中国科学院"院士增选初步候选人"。

五、2017 年 11 月 17 日，中央宣传部追授南仁东"时代楷模"荣誉称号。

六、2018 年 1 月，获评"2017 全球华侨华人新闻人物"。

七、2018 年 10 月 15 日，经国际天文学联合会批准，国际永久编号"79694"的小行星，被正式命名为"南仁东星"。同日，南仁东塑像在"中国天眼"现场落成。

八、2018 年 12 月 18 日，为庆祝改革开放 40 周年，党中央、国务院授予南仁东同志"改革先锋"称号。

九、2019 年 9 月 17 日，为庆祝中华人民共和国成立 70 周年，国家主席习近平签署三十四号主席令，授予南仁东等 5 人"人民科学家"国家荣誉称号。

十、2019 年 9 月 25 日，为庆祝新中国成立 70 周年，被中宣部、中组部、中央和国家机关工委等九部委评为"最美奋斗者"。

南仁东是勇担民族复兴大任的"天眼"巨匠，他为科学事业奋斗到生命的最后一刻，用无私奉献的精神谱写了精彩的科学人生，鲜明体现了胸怀祖国、服务人民的爱国情怀，敢为人先、坚毅执着的科学精神，淡泊名利、忘我奉献的高尚情操，真诚质朴、精益求精的杰出品格。他不愧为广大科技工作者的优秀代表，不愧为全社会学习的榜样。

——中宣部追授南仁东"时代楷模"

"中国天眼"的主要发起者和奠基人。他潜心天文研究，坚持自主创新，主导提出利用我国贵州省喀斯特洼地作为望远镜台址，从论证立项到选址建设历时 22 年，主持攻克了一系列技术难题，为 FAST 重大科学工程建设发挥了关键作用，实现了中国拥有世界一流水平望远镜的梦想，推动了经济发展和社会进步。他的爱国情怀、科学精神和勇于担当堪称楷模，激励着广大科技工作者继往开来，不懈奋斗。

——"改革先锋"南仁东事迹介绍

# 附四

## 我的同桌南仁东

吴学忠

一切过去了的，都会变成亲切的怀念。

—— [俄] 普希金

### 回忆和仁东相处的岁月

1960 年 8 月，我从一中、南仁东从四中共同升入辽源高级中学（后改为辽源五中）。或许是缘分，我们被分到了一个班，还是同桌。

刚入学时，他给我的印象是：人聪明，知识面广。课堂上老师一讲就会，平时下的功夫并不多，但各科成绩都是优秀，还总是能回答别人答不上来的问题。自习课，他总是第一个做完作业，为同学解答问题，帮他们完成作业。他学习和完成作业极其认真，从不糊弄。他的物理、化学实验报告不仅工整、标准，还能提出另一种实验方法。因此，教我们物理课的胡慧琛老师将他的物理实验报告保留了多年。

他的德智体美全面发展。高中毕业前夕，他加入了中国共产主义青年团。他正直善良，助人为乐，在街上遇到乞讨的人，总是把兜里仅有的零花钱倾囊相送。他在高中时已学会了滑冰，上滑冰课时，老师领我们到东辽河冰面上，大家都是第一次上冰，不敢迈步。仁东过来教大家，并告诉大家想练滑冰就不能怕摔跤，若感到要倒，千万别挣扎，而是顺势倒下，这样不会受伤。说完，他就优雅地挪动双脚用力摆臂滑向远方……

因为他的汉字写得很漂亮，当时的校长要求辽源五中板报的报头必须是他写。他还负责板报的整体布局与构图，插图也是他画。

他会画油画，也会画国画，并且在国画上的造诣颇深。记得一次学校搞书画展，在走廊的墙上，第一幅就是他的国画"祖国万岁"。画面中一轮红日冉冉升起，在青松、翠柏的衬托下，显得格外妖娆、壮美，象征着社会主义祖国欣欣向荣、蒸蒸日上。标题"祖国万岁"是用篆字书写，落款是"银冬"。我好奇地问：仁东，你用银冬作笔名啊？他说，我喜欢冬天大雪过后的银白世界，苍茫、洁白无瑕。

我和仁东常去书店看连环画。有一次我看一本关于居里夫人的连环画，对居里夫人在几十吨矿渣里提取了"镭"的科学实验很感动，拿给仁东看。仁东说看过，并说他很佩服居里夫人，我们应向她学习对科学的执着和严谨刻苦作风。

给我印象最深的是仁东对天文学的爱好，他常带我到龙首山上去看星星。他告诉我，宇宙之大，银河系之广是我们无法想象的，而且地球的南北半球都不一样。他说："学忠，你知道月球吗？它对着太阳那面和背面温差上百度，根本不可能有生命。地球在宇宙中是一个奇迹，而人类在地球上又是一个奇迹。别说是人，即便是生活在地球上的一只苍蝇，都是奇迹。"他从少年时就仰望星空，对宇宙的神秘和美丽好奇和向往，这也是他日后读研究生时，选择天文学专业的基础吧。

## 充满哲理的激励词句言犹在耳

高中时期，我和仁东、福德（赵福德）最要好。三人同属猴，我最大，仁东最小。高中毕业前夕，学校准备保送我去军事院校，毕业后按连级待遇。得到此消息后，我偷偷地告诉了仁东，仁东还帮我分析了到部队的发展方向。为了不辜负学校的栽培，我起早贪黑复习，不幸得了神经衰弱，睡不好觉，高考时，头脑一片空白……发榜时，仁东考上了清华大学，福德被吉林大学录取，我被分配到四平师专（吉林师范大学前身）。

我陷入了两难选择：去学习，还是复读重考？眼看报到日期已近，父母先让我报到再说。我到校后，立即给仁东去信征求他的意见。一周后，我接到了仁东的回信，他在信中一再叮咛此事必须慎重对待，并写道："我看到俄文版的《马克思、恩格斯论教育》一书中有一篇马克思在中学毕业时的作文《青年在选择职业时的考虑》，你设法在图书馆找到这本书。"他还摘录了两段话："在选择职业时，我们所应遵循的主要指针是人类的幸福和我们自身的完美。""如果我们选择了最能为人类而工作的职业，那么，重担就不能把我们压倒，因为这是为大家作出的牺牲；那时我们所享受的就不是可怜的、有限的、自私的乐趣，我们的幸福将属于千百万人，我们的事业将悄然无声地存在下去，但是它会永远发挥作用，而面对我们的骨灰，高尚的人们将洒下热泪。"他钦佩青年马克思的远见卓识。之后，仁东写道："学忠，让我们共勉吧，将来毕业分配，还不知道能干什么职业，但只要为社会能作贡献，又能提高完善自己，必定是不错的职业。"

我看完信后，久久不能平静，深感仁东的来信中肯和及时。应该说，我之所以终生从事教育这一职业，仁东推荐我学习马克思的文章的确给了我指导。我常和家人说，是仁东的帮助，使社会少了一个工人，多了一个教师。

福德本应去吉林大学数学专业，但他选择了重读，结果第二次考中的还是吉林大学。这时，他与家人的关系出现矛盾，也先后当过代理教师、玉雕厂工人等。在福德情绪和思想处于危险之时，仁东把更多的关注投到了福德身上，书信来往较多。当我利用假期去长春福德家时，他拿出仁东的信让我看，他也抄录一些片段在纸片上作为名言、警句督促自己努力学习、进步。我则在我带去的笔记本上，足足抄录了12页。

在我与仁东书信来往中，得知我已安心师范，便关切地写道："作为一个教师，比任何都重要的是会做人的工作，善于把自己知道的东西讲出去，善于团结人。"他建议我多读书："阅读的东西应该以时代的主流为主，如《人民日报》《中国青年》等。另外看一些有风趣的外国小说，接受一些外国人的

吴学忠抄录的南仁东给赵福德的信

乐观、慷慨。但主要还是要使自己的思想跟上时代的步伐。"当时，仁东的思想已大大地超越了我们，并从他的角度对人民教师提出了要求，这对我终身从事教育事业起了积极作用。

此时，仁东最担心的是福德，怕福德失去前进的信心，堕落下去，成为一个平庸之辈。他在信中写道："人一生下来，就把他的生活紧紧建立在人类几千年创造的文明上，人停止了学习，他就无法再称为人了；人不学习就无法受用前人的劳动成果，就无法为下一代更多地造福。尤其作为一个青年人，不学习做什么呢？简直想不出一天天如果没有学习，他的生活还有什么内容。"他激动地写道："我已下了决心，决不做百无聊赖的庸人，不去从俗人之乐中消磨时光。人民用十倍的代价养活我，我要以百倍、千倍的劳动还给人民（如果我们能力允许的话）。"

仁东履行了年轻时的诺言，千万倍地给祖国和人民乃至整个人类奉献了他毕生的才华，打造了大国重器——世界独一无二的"中国天眼"。

　　当时，我们经常通过信件交流彼此的思想和对人生的感受。当得知我和福德都在努力学习时，他高兴地写道："你们这种勇于上进的精神，如果永远不死，简直是我们的共同幸福。"我和福德在他励志前行的精神激励下，在各自的岗位上勇往直前。当福德流露出当工人没有大前途的想法时，他也感知到我们与他的差距，因此在来信中写道："生产劳动不能全靠什么兴趣，在人类历史长河中，从事平凡劳动的必然是大多数，而从事创造性劳动的必然是极少数（不包括我）。但是，这些绝不排斥在一般的生产劳动中，人可以创造出较大的成绩，不排斥平凡的工作会给人以无限的乐趣与幸福。"

　　1968 年仁东大学毕业，被分配到通化无线电厂当工人，一直干到技术科长，在平凡岗位上创造突出成绩，他设计并制造的"向阳牌"收音机，被吉林省有关部门评为一流产品。

　　作为一个年轻人，他严格要求自己，也一再提醒我俩跟上时代的步伐，不能落伍。他写道："形势要求人们有一种奋发图强、力争上游的精神，闲吃懒睡、俗人之乐是与时代不符合的。作为一个年轻人，应是把与时代并驾齐驱者、与天下之忧同忧者作为榜样。"仁东的理想早在大学时代就已经将自己的抱负与祖国和人民的命运连在了一起，与人民同忧同乐是他报效祖国和人民的思想基础和坚定意志。

　　当福德又换了工作，到长春铁北电机修造厂时，他去信说："只有一个人失去了理念才会在个人生活上打圈，只有一个人成为百无聊赖的懒汉时，他才会让时间在傻吃茶睡中溜掉，只有一个没有自尊心的碌世庸才才会把青春时光卖给爱情。愈是困难时刻，愈是在不顺利条件下，人的斗志往往会更高。而平静安稳的生活往往会使人失去追求。对事业要忠实，对爱情也要忠诚，朝三暮四的人不应该是你。"在这封信的最后，他鼓励道："亲爱的福德，你像一只自由的雄鹰，没有任何东西可以锁住你的翅膀，你无忧无虑，为所欲为。"

关注我俩的成长，他一直用心良苦。他对自己严格要求，也同样严格要求我俩："'主动'不单对于我有意义，我今天体会到主动发展对每个年轻人都有利，每个年轻人都要争取主动地全面发展，克服盲目被动。我觉得你身上还有充分的主动权。望你不要损伤它，用以战胜'放弃''逃跑''任其自流'的消极念头——哪怕是一瞬间的。"仁东对人生的哲学思考，对他人生观、世界观和价值观的形成产生重要的指导作用，也对我和福德影响至深。可以说，没有哲学思考的人生是盲目的人生，而盲目的人生是抵挡不住诱惑而容易步入歧途。

"'我们走在大路上'。不要在自己生活的旅途上架设一条又高又窄的栈道，要善于原谅自己，允许自己走好多条道路。"仁东的思路是宽广的、多维的，他自己就曾从事多种工作，以至使他成为"全才"，为日后选择天文专业、打造"中国天眼"奠定了雄厚的理论和实践基础。

仁东立志成为一个具有高尚品质、德才兼备而有尊严的、有作为的人。他在信中写道："我的'作为'就是指'劳动'，能够尽力为社会创造财富，而把个人悲欢情趣置于事业之下。"

"哪个人不想把自己培养成为一个具有高尚品质、有尊严、热爱劳动、大公无私的人？又有谁愿意成为游手好闲、好吃懒做的寄生虫？又有谁愿意成为不顾他人、不顾公理、疯狂地执恋于个人生活的庸人俗夫？难道遇到困难的时候就一定要在无聊中取得宽慰吗？据说杜鹃渴死也不喝一口浊水，野鹿饿死也不吃一口苔藓，禽兽尚且如此，何况人乎！"

仁东志存高远，也忠告福德不要成为先进的 21 世纪的尾巴。"我觉得高等数学、普通物理你一定要掌握，一生中要有几门外语。否则，我们将来没有什么共同语言了。"

这些忠告之恳切、这些话语之珍贵、这些思考之长远，让朋友既脚踏实地，又能高瞻远瞩，全面发展，完善自己，将自己的命运和发展同祖国和人民的命运和发展紧密连在一起，同呼吸共命运……这在课堂上是学不到的，让我和福德兴奋不已。每当仁东来信，我们都互相传看，就像获得奖励一样高兴，把收信视为珍贵的礼物，并把收获和感想回信给仁东。坦白地说，有仁东的友谊和帮助，我和福德受益匪浅。50 年前，我在日记中写道："向朋友们学习、学习、再学习"，"好朋友亲如兄弟，无事不谈，无难不帮，互相学习，经常通信，只求各自都进步，友谊如同松柏青"，"人生难得一知己"。

## 立志高远  以伟大的科学家为偶像

仁东最崇拜的两个人，一位是玛丽·居里，伟大的女科学家，两次获诺贝尔奖；另一位就是千年思想家，也是诺贝尔奖获得者，创立相对论的爱因斯坦。

在大学期间的一个暑假，仁东回到辽源。当我去看他时，看到他正读一本《物理学的进化》，这是爱因斯坦与他的朋友 L. 英费尔德合著作品。这本书是他的大学同学送给他的，他又转送给我看。通过这本《物理学的进化》，仁东说他之后认真阅读、研究了爱因斯坦文集中的许多观点。他不止一次地谈论爱因斯坦的品格和业绩，尤其对他的相对论的提出，对物理学界的影响至深、至远赞叹不已。爱因斯坦认为："物理学中的奥秘隐藏极深，发现它需要敏锐的洞察力和惊人的科学直觉，以及丰富的想象力、高超的逻辑推理能力及坚韧不拔、锲而不舍的探索精神，理性的分析和亲力亲为的实践。"这对仁东的科学人生产生了极为重要的影响，他也正是这样从事科研的。他对犹太民族的读书习惯和教育孩子的方法推崇备至。他曾和我说："他们在孩子放学后回家，第一句问的是，你向老师提出有价值的问题了吗，而不是问今天考试得多少分。"尤其对爱因斯坦说过的："提出一个问题比解决一个问题更重要，因为解决一个问题也许仅仅是一个科学上或实验上的技能而已，而提出一个新的问题、新的可能性，必须从新角度去看旧问题，需要有创造性的想象力，进而标志着科学的真正进步。"这种强大的思维能力对仁东影响极大。

科学是不断进步、不断发展变化的，永无止境。仁东后来多次称赞爱因斯坦的思考实验方法。"用思考的力量解决遇到的问题。"仁东在他的科学实践中努力培养自己的科学研究品质，像科学家那样，勤于学问，善于思考，用百折不挠的精神和毅力，回答了为什么而坚定，为了信仰、为了梦想、为了祖国和人类、为了科学的进步和发展，去探索宇宙的奥妙……

仁东认为，科学家的灵魂在于善于独立思考，思考出智慧、思考能创新。正如爱因斯坦所言："学习知识要善于思考、思考、再思考，我就是靠这个学习方法成为科学家的。"他曾多次建议我读爱因斯坦文集，从中汲取知识和思考的力量，特别是其中有关教育的论述。尤其是培养独立思考和全面发展的人的观念，他是很认可的。正如爱因斯坦所说，"用专业知识教育人是不够的，通过专业教育，他可以成为一个有用的机器，但不能成为一个和谐发展的人。"

仁东是一个全面发展的人，他不赞同在年轻时就过早地将知识专门化。爱因斯坦说："过分强调竞争制度，以及根据直接用途而过早专门化，这就会扼杀包括专业知识在内的一切文化生活所依存的那种精神。"要使学生对价值有正确的理解，同时他又必须对知识和能力及道德上具有鲜明的辨别力。仁东一生崇尚正直和善良，一直追求美、追求真理。他认为，一个人对真善美的追求和独立思考能力，是全面发展的人所不可缺少的重要而可贵的素质。

仁东的思想深处，一直把具有批判性、创造性的独立思考，当作使自己成为一个高尚和对科学事业有所作为的人而坚持的重要品质，这也是他成为科学巨匠的思想基础。

仁东对我这个从事教育工作的老同学曾语重心长地说："我

很高兴你一直从教，搞教育的人绝不能急功近利，更不能拔苗助长，应放眼长远，能独立思考和独立工作，把为社会服务作为自己人生最高目标，成为终生为祖国和人民无私奉献的人。这个问题特别重要。"

我看到爱因斯坦在论教育中写道："发展独立思考和独立判断的一般能力，应当始终放在第一位，而不应把获得专业知识放在首位。"他反复强调："如果一个人掌握了他的学科的基础理论，并且学会了独立思考和工作，他必定会找到自己的道路。比起那种主要以获得细节知识为其培训内容的人来，他一定会更好地适应进步和变化。"仁东正是秉持这种精神，成为一个"全才"、科学巨匠，以敢为人先的创新思维，创造了天文事业上的奇迹。

仁东的精神永存。正如郭文斌先生所言："人类追求长久的不死，核心是让生命有常，如何让生命有常呢？存着归意，记着初心，以一种面对天地祖先的真诚和虔敬，度过生命的每一天。"

写到这里，让我想起康德墓碑上的一段名言："有两样东西，我们对它们思考越是深沉和持久，它们所唤起的那种越来越大的惊奇和敬畏就会充溢我们的心灵，这就是繁星密布的苍穹和我心中的道德律。"

仁东的灵魂已随着美丽的宇宙太空，以它的神秘和绚丽，召唤他踏过平庸，趋于高尚，进入它无垠的广袤……

仁东以他的睿智，把天理、地理、物理、人理、心理、真理搞通了，他心怀宇宙大爱，把自己的一切奉献给了自己深爱的祖国和全人类……

天佑仁东，让他留给我们一只望穿宇宙的“天眼”，去探索、发现外星文明。

仁东开创了中国天文事业的新时代，他的学生和后继者将沿着他的足迹前进。最后，我想以仁东的话激励年轻的天文工作者创造新的奇迹。——“人类之所以脱颖而出，就是因为有一种对未知探索的精神。”

（吴学忠是南仁东高中时的同桌、好友，本文写于南先生逝世一周年之际，发表于 2018 年 10 月 23 日的《辽源日报》）

# 附五

## 清明追忆

### 一个梵高　世间再无南仁东

任革学

看了一部关于梵高的电影，忽然想起南仁东老师曾对我说过，他的内心与梵高相通。我不懂艺术、不懂艺术家，在当时也不懂南老师的话，更不懂南老师的内心世界。

和南老师相识的人很快就会发现他有一种特殊魅力，但又很难说清楚那是什么。也许这和南老师传奇的人生经历分不开，更与他性格中的自信与谦卑、自律与率性、张扬与内敛、理性与感性、执着与中庸、幽默与严肃、现代与传统的有机结合分不开。他同时拥有精湛的科学理论素养和工科的实践能力，也具备深厚的传统文化底蕴。他深深热爱中国传统文化，同时又能敞开心扉接受和实践西方的科学、艺术、文化与理念。有很多溢美的词用在南老师身上都不过分，但是如果让他本人为自己挑一个好词，我猜他会毫不犹豫地选择"善"！多年前曾有幸参与过南老师组织的大望远镜工作，很遗憾接触的日子短暂，但我亲自经历的南老师依然如在目前，对他所讲述的有趣的人生故事记忆犹新。可惜今天也只有这些点点滴滴的记忆了。也许，南老师的这些真实故事可以折射出一部分他魅力的特质。

南老师出生在一个颇具传统和规矩的满族家庭，他父亲曾获满洲里运动会的百米冠军，身体健美、外表英俊。一位外国友人看了他父亲摄于 1938 年的照片后，对南老师说了一句"Perfect man！"南老师与我分享过这张照片的电子版，他父亲的确是位具有明星气质的完美男人。南老师自认为没有继承父亲健美的身体，然而父亲骄傲自信的神态对他的影响太大了。30 多年过去了，南老师还清楚地记得，坐在院子里忙碌的父亲迎接从清华大学放假回家的儿子，也仅仅是微微转过脸、不露全齿地微笑。年少的南老师惹父亲生气想要逃跑就从来没成功过，父亲总能在三步之内单手把大小伙子拎回来。父亲对南老师来说就是一座从来没有翻越过的庄严大山。曾在沦陷的东北生活过的父亲临终前对南老师说的最后一句话是"亡国奴不好当啊！"这句话对南老师的影响深远。至今我还清晰地记得在国家天文台与英国天文学家和工程师讨论大望远镜有关问题，讨论结束后南老师板起脸对一位发过言的同事说，在外国人面前说话要平等相待而不能点头含胸，同时他还用身体表演着点头哈腰和不卑不亢两种态度。我估计这位同事的年龄不比南老师小，令我震惊的是南老师竟当着很多年轻人的面严肃地说出这番话。

南老师上大学时正逢清华大学主楼建设，大楼上的砖也有此君参加义务劳动时所砌。大楼建好后并没有立即用于教学和科研，而是首先接待了来自全国各地的红卫兵。南老师也曾带着一群红卫兵串联，去过青海、新疆。串联中的南老师激情豪迈，创作过几百首诗，甚至一天几首，不知道谁人会有幸看到这些诗作，但我想他的诗作水平一定很高，南老师曾经发给我一首自谦为土豆，写给曾经知己的诗就可见一斑："土豆墓铭，2001.8.30。疲哉不觉春，苦兮秋已深。匆行几冬雪，孤影对黄昏。贱时独善身，康来回世恩。平生少乐事，远去蹒跚人。""贱时独善身，康来回世恩"，正是知天命之年南老师最好的心灵写照。诗岂能不言志？南老师对文学修养相当在意。说起自己的研究生导师王先生，他这样告诉我："他的文学比我好得多！"他还举了一个例子说明王先生的语言有多好。来自英国的天文学家跟王先生交流后，私底下给南老师说王先生的英语比他们几个英国人都好，因为他的英语是 culturized（文化了的）。跟我谈起信仰时，南老师曾数次引用《牛虻》里的话。他尤其对《红楼梦》情有独钟，用他自己的话说"真是写绝了！"

南老师的文学修养很大程度上增加了他语言的感染力和科学描述上的形象性。他用"如果把地球上的生命史看作一天，那么人类文明只是最后一分钟"说明人类存在的稀有和短暂，以"到目前为止，人类所有射电望远镜接收的能量还没有从树上跌落的一片树叶的能量多"形象地比喻射电天文信号的微弱，用"在月球上打手机，地球上的 FAST 接收得到"表明望远镜灵敏度的重要性。他将 500 米口径射电望远镜的英文简称为 FAST，本身就体现修养和见识的深远。现代天文学界确认中国古人记载的客星就是人类发现的第一颗超新星，其残迹就是现在能观察到的蟹状星云，里面还有一个射电望远镜和哈勃望远镜可以观察到的中子星。南老师这么说："北宋至和元年即1054年，中国人准确记载了这颗白天都能观察到的超新星爆发，而西方人遍查自己古代的典籍也没有找到对应的记录，他们非常嫉妒咱们……"这是培养民族自豪感的上好素材。

南老师有着非凡的胆量，"文革"中看见一群人在二校门附近折磨自己的班主任，南老师冲上去救走了自己的老师。20世纪90年代末，南老师因为大望远镜的事回到母校，我们系主任带着南老师和我找当时的科研处长寻求支持。当我们正在这位处长的办公室里讨论时，一位瘦小的老先生进来了。南老师反应最快，他首先站起来亲切地喊着自己的班主任老师，走到他久违的老师面前双手扶着老师的双臂，激动地重复了好几遍："我是南仁东，我是南仁东，我是您的学生，您还记得我吗？您想起来了吗？还记得……"看得出南老师提起的这段往事勾起了老师凝重的短暂回忆，但他的回答却是："我不记得了，我不记得了……"也许是这不堪回首的往事让南老师难以释怀，从工字厅出来后南老师竟又和我坐在一教前的石阶上聊了许久，直到心情平复后才离去。

1968年，南老师大学毕业后分配到通化市无线电厂工作。初来乍到，他处处小心翼翼，事事虚心向工人师傅求教，师傅们也悉心指教这位一点就通的清华大学高才生，全车间的人会的技术工种南老师很快都掌握了，更出人意料的是同样的工作南老师总是做得最精巧。另外，他的才华和在那里的仗义行为让工友们很是服气，很快南老师就成了年轻工友的良师益友了。在这个小圈子里，南老师一定很享受这个变化。不久车间里又来了一位老头，其貌不扬，笨手笨脚，他很快就发现这里的头就是南仁东，一开始老先生规规矩矩地听南老师说话吩咐。车间的其他人可能还没发现什么特别之处，南老师却很快觉察到这位老先生很不一般，然后就变成了老先生坐着说事儿，南老师站着洗耳恭听。老先生讲的十八种乘法定义让南老师折服了。原来，他是就读于北京大学，曾在西南联大任教，又在普林斯顿大学取得硕士和博士学位的代数学家王湘浩先生。1955年，王湘浩先生就是中科院数理学部的学部委员，也就是今天说的院士了。后来南老师与王先生所在的吉林大学合作，曾做出中国的第一台电子管计算机。调试计算机的时候，他连续工作了七天七夜，只觉得窗户黑了白了，等调试成功才发现一周已经过去了。没有对事业的极端痴迷，这几乎不可能发生。在科学的春天里，王先生恢复了工作，南老师也考上了中国科学院北京天文台的研究生。王先生或多或少影响了南老师的科学信仰，是的，王先生眼里数学的精致、庄严和无畏一定深刻地影响了他。

南老师在荷兰留学期间，房东是一位性格强悍的老妇人，她赶走了自己的丈夫，跟全村人都相处不来。初来乍到的南老师曾跟房东学了几句打招呼的荷兰语。见到村长就热情地用刚学的话问候，只见村长哈哈大笑："一定是那个老女人教你的吧！"原来她竟然故意把捉弄人的话教成问候语，让人哭笑不得。南老师把做好的中国菜放在冰箱里，老太太偶尔会趁南老师夜间在天文台观测时，偷着享用一些，而当看着南老师吃饭的时候，还要故作不屑地摇头。南老师心知肚明也不点破，两人始终相安无事。南老师很佩服老太太敢于与全村人作对的"独立"精神，不认为这种卓尔不群的个性有什么损害。这大概只有内心极度宽容的人才能做到吧。

在荷兰的一个假期，南老师用自己仅有的钱买了去意大利的火车票，访问一位学术会议上认识的射电天文同行。南老师在这位同行的研究所找到了她，惊喜之余这位同行马上问面前的这位不速之客住什么地方。只见南老师将自己身上的口袋翻到外面，摊开双手表示空空如也。这位同行为南老师安排了研究所的宿舍，至于其他的就爱莫能助了。这正遂了南老师的意，接下来他以"流浪艺术家的生活模态"在意大利穷游多日。南老师对那里几乎所有的艺术形式都很喜爱，以至于能忘记身上是否还有下一顿的饭钱。一次南老师在街头碰到一位侏儒女孩，她对黄皮肤的来自东方的南老师非常好奇。南老师表示自己可以画画，女孩说："你画吧，我爸爸可以买你的画。"女孩的父亲是位木匠，常常要在家具上刻画。女孩为南老师拿来了纸、笔、颜料等，待南老师画好后，女孩的父亲非常欣赏南老师画的梅兰竹菊，愉快地付了50美元，解了南老师的燃眉之急。哦，我愿意说那是艺术的魅力，是南老师信手拈来的国画中透出的中国传统艺术之美打动了他乡人的心。南老师在那里的行为本身就是艺术，绝对出乎他人的预料。最后他的同行买了车票把南老师送上车，告诉他，"南，以后就别来了……"言外之意是没钱就别再来了，南老师俏皮地耸耸肩启程返回他的"科学家生活模态"了。

南老师喜欢绘画和建筑艺术的程度超出我的想象，说他挚爱一点都不过分。记得2000年，我们在加州大学伯克利分校参加平方公里阵列射电望远镜的研讨会，会上有位年轻的加拿大电子工程师报告他们大射电望远镜方案的电性能。南老师非常欣赏他讲的内容，转头对我说："这小子真厉害！"在问答环节，南老师拿钢笔随手在笔记本上勾画了这位学者的肖像，寥寥几笔却非常神似。这次会议结束后我们转到旧金山，有一天空闲时间，他跟我说："你别跟着我，给我个人点儿时间。"那天他在旧金山独自转悠了整整一天，寻觅欣赏建筑的美。我也只好单独行动，在退役的二战潜艇系留的渔人码头等地转悠。一个人在陌生的地方走动，心里总有点莫名的恐惧，更别说欣赏美了。回来后，我问南老师："你一个人街上转不害怕吗？"他回答说："不怕。我在上衣口袋里准备了10美元，要有人劫道我随手就拿出来给他，一般不会伤人。在纽约我遇到过劫道的就是这么处理的。"他如此喜欢美，超越了恐惧。

到一个新地方，他总愿意在无人相识的街道上自由地行走，欣赏享受那里的建筑、艺术或风土人情。他去过卢浮宫很多次，有一回和一位外国天文学家同去，这位天文学家非常自豪地给来自东方的同行介绍西方文化艺术精品，他能感觉得到南老师非常喜欢这些。南老师设计了在蒙娜丽莎画前给自己照一张相的办法，他在跑动中经过蒙娜丽莎画前，突然转过脸时让这位外国同行按下快门，保安还没反应过来就已经照完了，尽管有规定不让照，保安也只好笑笑作罢。南老师总是若有童心驱使，喜欢做一些好玩的事。照完相南老师就从蒙娜丽莎开始给这位同行讲绘画艺术，他特别讲到蒙娜丽莎的眼角稍暗的处理手法，这能让画中女士的表情在晴天和阴天时发生不同的变化。南老师越说越专业，越说越来劲，如数家珍，最后变成南老师给这位外国同行上了一堂艺术课。后来这位同行见了南老师的油画作品，由衷佩服，他拍着南老师说："You have many talents！"（你有很多天赋！）南老师有个如字典厚的名画册，就是知道他喜欢绘画的外国朋友赠送的，路途闲暇时他常会拿出来欣赏，看得出他看过很多遍，并很享受那个过程。

　　南老师很多次谈到古希腊罗马时期、文艺复兴时期大师的绘画和雕塑艺术作品给他的震撼与冲击，他在讲米开朗琪罗的大卫像脚上血管的细节时，语气和表情中表现出来的敬畏之情历历在目，在他眼里似乎中国只有秦始皇兵马俑的艺术成就才能与之匹敌。南老师的艺术视角和评论总是非常独特，像我这样的外行听来都觉得挺新颖、挺有道理。记得刚认识南老师的时候，有一天下午在他的办公室聊得太晚了，他邀请我到他家吃晚饭，我不好意思去。他说："彭勃家的饭能吃，我们家的就不能吃？"彭勃那时是他推进大望远镜工作的副手，此话一出我也就只好去南老师家做客，他家里的小饭厅里就挂着一幅身着长衣慈祥妇人的油画，他看我对画感兴趣，在我身后顺口说了一句："这是我画的。"我问他："这是您母亲吗？"他说不是。我寻思着这会不会是他夫人，转身看看正端菜上桌的师母，感觉也不像。他似乎看出了我的疑惑，就随口说道，画像不一定非得是某人，但可能有某些人的影子。我想这大概就是艺术家的思维吧。

南老师人生的精彩就在于其不经意的、即兴创作式的演绎。一次正在基金委评审项目时，南老师接到电话受邀为一位首长讲解天文学问题。到了中南海，秘书叮嘱南老师："问啥答啥，不要超过 10 分钟。"进门前又告诉他说："不要乱说话，否则首长的问题可能很难应付。"南老师自信地回答说："放心吧！"首长与南老师开始探讨的是超新星问题，过一会儿是牛顿、爱因斯坦的观点，再过一会儿是某个诺贝尔奖获得者的说法等，随后首长又谈艺术，没想到南老师不仅有艺术实践，评判起东西方艺术更是头头是道，别出心裁。谈话中一会儿引用英语一会儿俄语，南老师还会用日语、德语、荷兰语表达观点。最后又谈到哲学、文学问题等。海阔天空后，首长和南老师都是少有的愉悦和开心，随后首长对南老师说："咱们一起去兴隆天文台看看吧。"南老师不假思索就回答说："我们下午还要基金评审。"于是首长吩咐秘书尽快把南老师送回去。出门时，南老师看了下时间，差不多两小时过去了。下午的基金评审会上，有专家对南老师说："评审会有那么重要吗？当然应该陪首长去天文台参观。"南老师回答说："我当时就只想到咱们下午还要开基金评审会。"南老师就是这么纯真的一个人，他享受与首长的谈话是开心的、优雅的、艺术的、科学的和哲学的，没有杂念。

闲聊时南老师曾对我说："我觉得你不是一个有趣的人，也不怎么有幽默感，属于比较正统的类型。"他给我讲的他评研究员的故事就很能说明他有趣的一面。评职称的场合一般是很正式的，参评的人都会很紧张，轮到南老师的时候他胡子拉碴就进去了，有位老先生评委问他："你多大了？"南老师想想要和自己的胡子相匹配，低声回答说："50多岁了。"临近结束的时候老先生翻看他的材料突然发现他才40多岁，爆口道："臭小子你还装大呢！还敢骗我们……"引得大家哄堂大笑，研究工作出色的南老师还是顺利晋升为研究员。

有趣的东西总是很吸引他。他曾风趣地跟我说他能从自家那只宠物狗的眼神中，读到对自己辛劳的同情。幽默是他喜欢的或追求的，可能正是他有趣的个性，很多人其中不乏著名科学家愿意与他交流并成为朋友，这也是后来他能吸聚一大批科学家和工程师参与大望远镜工作的一个原因。Carl Sagan 就是和南老师相熟的一位，20世纪80年代他主持的《宇宙》电视节目创了收视纪录，在美国是家喻户晓的科学家和科普与科幻作家，他对金星大气的炙热、气下金壤形貌的发现及相应的科学成因解释，使人类对行星演化如何成为生命的宿主有了新的认识。现在已是常识的温室效应，就是他提出用以解释能熔化铅的金星大气温度形成机制的，可以说 Sagan 就是今天我们控制温室气体、碳排放的先知先觉者。全世界的人还应该感谢他，是他在冷战时期的顶峰、大国不断扩大核武库时，不遗余力地游说对抗中的美苏领导人：核战争没有赢家，整个地球将进入核冬天，人类文明将不复存在。最终美苏达成了削减核武器的条约。中央电视台曾请 Sagan 做节目，Sagan 说他与南老师熟悉，指名要南老师做翻译，电视台就把南老师请去作陪。南老师翻译得一定很精彩，后来中央电视台专门邀请南老师讲寻找地外理性生命的课，在《百家讲坛》栏目播出。南老师非常得意地告诉我电视台的摄影师在录制结束后，直接对他竖起大拇指并说："讲得真棒！"他说他很在意这些外行给他的评价，他就是这么无时不在生活中寻找并享受乐趣的。

　　南老师曾不止一次跟我赞叹过他的清华老师孟昭英先生教他们制作真空电子管时吹玻璃的高超手艺，这位老先生早年曾在加州理工做出当时世界上最小的电子管。南老师读研究生时期出国留学需要推荐信，他回清华找孟先生，正赶上孟先生自己在家修理马桶，南老师要帮着修，他坚决不让，坚持自己修好了马桶然后才给南老师写推荐信。南老师由衷敬佩孟先生的生活态度。在科学院读研究生时，南老师曾选修过彭桓武先生的理论物理课，课间他找彭先生讨论广义相对论的问题，彭先生一只手竖起手里的钢笔质疑地说，怎么就能说它是直的还是弯的呢，彭先生关于科学概念和理论的谨慎和严谨态度对他影响很大，我们交流中他提到过好几次。中国人创立自抗扰控制技术的事还是南老师告诉我的，尽管我的研究领域是动力学与控制。在研究馈源支撑系统二次精调平台的控制策略时，南老师请自抗扰控制的创始人韩京清先生到我的办公室，指导调试他的控制器的仿真参数。南老师非常自豪地介绍韩先生是他的朝鲜族老乡，他们两个的老家相距只有几十公里。

我观察南老师有一个习惯，他在陌生领域作判断时需要咨询听取多方的意见，还要请教这个领域的大家。关于馈源支撑模型试验工作的事，南老师邀请后来获得国家最高科学技术奖的郑哲敏先生到国家天文台出席关于馈源支撑系统的会议，并作为验收组长到我们20米试验模型现场检查，南老师还专门到郑先生家里请教过有关力学和工程问题，他非常喜欢郑先生的真知灼见和一针见血的表达方式。为了回答郑先生在20米模型验收时提出的问题，我们在后来的50米模型中采用配重索调线密度的办法实现了横、纵向都满足相似律的缩比索。在50米模型验收的前几天，郑先生从南老师那里要了我的手机号，打来电话开头说："是……同志吧?"他解释说，由于身体不适不能来当验收组长了。事后，南老师跟我说这些老一辈的先生做人做事真是令人敬佩。南老师在组织这个望远镜项目的过程中邀请到了很多科学家，在他组织的会议上我还先后见过"两弹一星"功勋科学家陈芳允先生、国家最高科学技术奖获得者吴文俊先生、中国授时天文台创始人叶叔华先生、探月工程首席科学家欧阳自远先生等，另外还有来自西电、解放军测绘学院、同济、哈工大等很多单位年轻一些的院士、专家。背景和专业不同的科技工作者们的参与和互动，极大地推动了望远镜项目的开展，我作为一个参与者受益良多。南老师像一只勤奋的蜜蜂，为建造大望远镜采撷各种知识的精华。

南老师的谦虚好学是实打实的，对知识他唯以求真。大望远镜的索系驱动的馈源支撑系统力学模型经过初步的模型实验后，我们提供了厚厚的报告，包括相似模型设计、实验及计算分析等。报告提交一周后，他突然打电话给我说："你的报告我看完了，为了推报告里的方程我又复习了一遍微积分。相似律的部分我还仔细推导了，咱们可以考虑后面的模型设计了……"此公真令我震惊！也许是出自曾经是吉林省"状元"的自信吧，碰见什么难题他内心都很勇敢很无畏，他没觉得他学的无线电跟力学之间有多么大的距离或有什么不可跨越的学科界限，只要觉得需要他就敢下死功夫学、研究和向相关人员求证求教，直到他觉得符合逻辑，他能用最基本的物理学理解为止。南老师对自然、科学、宇宙和人始终充满好奇，总期待一些新奇的东西。2005 年 7 月，美国"深度撞击"探测器准备降落到 Tempel 一号彗星上的过程中，他每时每刻都在关注，激动地跟我说彗星里有生命起源种子的事儿，他很期待新发现，当然也曾谈到操纵深空探测器击中一颗彗星会用到的高超测控技术，我们还有很大差距云云。他的大射电望远镜能把中国深空通信能力推进到前所未有的高度。也许正是因为这种心态使他很博学，他的一位研究生同学、同事说，能像南老师做 SETI（Search for Extraterrestrial Intelligence，寻找地外理性生命）的人太少了，因为这对研究者的知识面的广度和深度要求实在太高了。

南老师对人总是平等相待、十分宽容。不论是外国人还是中国人，不管什么身份，他都是彬彬有礼，真诚以待，并不乏诙谐与幽默。我们课题组的老师、同学或参加实验的工人，都很喜欢他。我有个学生将自己的头发染成黄色，我颇为同意一个同事的说法"你的学生怎么把头弄成这个样"，但也说不出来不好在什么地方。因为合作关系南老师到我们实验室来过很多次，见过这位染发的同学后他对我说："我很喜欢，因为他染发是给别人看的。"换言之，他认为是一种高尚行为，虽说在这类事情上南老师非常宽容，但他对工作不努力、不认真，则是非常厌恶反感。如果他觉得你有做得不对的地方，会非常明确地表达这一点，甚至是一针见血，尖刻异常。他对年轻人欣赏的同时也不忘激励进步。针对我未能按时办理去 Arecibo 天文台的护照和签证，他在电话里批评我的话至今难忘。可能是深谙东西方文化、宗教、人种的不同特点等原因，我观察他与荷兰、英国、美国、加拿大、日本、印度和澳大利亚等国的天文学家交流，都非常自然、得体。他们或许是欣赏南老师身上的艺术气质、人文修养、幽默诙谐、平等友善，都和他有一种特别的亲近感。今天回想起来，南老师和人相处的艺术绝非一日之功。

南老师是一位极端的道德主义者，说他内心有一种自律的洁癖一点也不过分。他从不愿占任何便宜，尤其是公家的，他讨厌任何形式的过头接待。南老师曾不止一次心怀忏悔地对我说过某次他受别人接待的事，当时一个合作的课题组请他讲课，为了扩大望远镜项目的影响南老师应邀前往，可能给他提供的食宿标准高了点，他当时就让人更正，对方稍有迟疑，他马上加上一句："不然我就玩消失！"我的课题组与他有过 10 多年的合作，因工作关系他来清华大学很多次，他没在清华大学吃过我请的一顿饭，印象里他只喝过我自己买的可乐和雪碧，我们的课题验收会后他需要陪同专家们参加集体用餐，为照顾我们紧张的经费，他事先告诉我由他们天文台的课题组支付饭钱。不过香烟对他是例外，记忆中清华大学精仪系的几个参与合作的教师递香烟给他，没见他迟疑就接过来抽了。他们在小会议室里一边制造烟雾一边讨论问题，大望远镜馈源支撑的精调平台采用 Stewart 并联机构形式的最初想法就是从烟雾缭绕的讨论开始的。

有一次南老师到清华大学查看我们课题组室外试验模型的进展情况，检查结束后我陪他走到清华大学主楼前区大草坪的南面。告别前，我说了一句："南老师，做望远镜这个项目对我个人能力提高很大！"没想到南老师又推着自行车走近我，如释重负似的、面部带着感动急切地说："你这么说我心里就宽慰多了，很担心做我的项目影响你们的发展！"然后，他像个欢快的年轻骑手敏捷地飞身上马，蹬着自行车融入下班的人流回去了。所谓具有人文情怀和精神，大抵就如南老师这般会说温暖人心、激励人心的话吧！

我观察南老师对我们这些外单位的合作者很宽容，但内外有别，对自己课题组的年轻人要求则很严格甚至可以说是苛刻，我猜他已经把他们看成自己的一部分，严以律己了！大望远镜项目的预研究经费累计超过一千万时，南老师内心极度不安地跟我唠叨，"都花了国家一千万了！已经突破了我的心理底线……"虽然他经常说天文学是贵族学科，是需要花钱的，但我怎么给他宽心也没见能减轻他的心理负担，用自己满意的完美作品回报国家和社会成了他最大的渴望，哪怕用尽自己身上最后一个细胞的力气！在大射电望远镜选址阶段，为了迎接国际射电天文学家的一次实地考察，当地政府修了一条通往一个备选洼地的路，这条十多公里的路是当地老百姓硬靠手工短时间凿出来的。他对我说："小任子，我已经踏上了不归路，我不能回头了！"他已经决定这一生就笃定要建好望远镜回馈当地老百姓的牺牲了。正像他在央视 2016 科技创新人物颁奖盛典上的感言："……我更不能忘却的是这 22 年艰苦的岁月里，贵州省四千多万各族父老乡亲和我们风雨同舟、不离不弃……"听不出一点点谈自己。去年贵州平塘大窝凼新落成的大望远镜吸引了全国人民的目光，运行一年竟然有创纪录的 20 万人到场参观，一人消费一千就有两个亿了。听到这个消息心生一丝安慰，倘有在天之灵，南老师也应含笑九泉了。最初听到南老师走了心里着实一惊，也多了一个疑问，为什么要到美国去治病呢？我寻思出的唯一能让我接受的理由，就是他不愿意麻烦大家给自己送行，也绝不享受别人为自己做什么。

　　人生总有那么多遗憾，极其热爱自由的南老师自从走上造大望远镜这条路，他所有的爱好都放弃了，他更多的是自律、勤奋加严谨。如果说他还是自由的，那就是自由地驰骋在天文、力学、机械、测控、建筑土木、岩土、人力资源等不同的专业领域。南老师知难而上，领导解决了主反射面索在大载荷下 200 万次高周疲劳的制造工艺问题。这是一个射电天文学家突破的工程制造专业难题。若这个问题没解决，大望远镜就无法进行下去，那将是南老师的终生遗憾，他当时承受的压力可想而知，最终南老师将这个潜在遗憾消灭了。作为高考"状元",南老师进入清华大学后曾非常失望地发现自己的专业不是第一志愿建筑,而是自己不想上但国家需要的无线电,南老师为此极度苦恼过。他从来不想放弃自己的建筑梦,甚至还设计并提交了毛主席纪念堂的一个建筑方案。真是造化弄人,这个大射电望远镜不正是我们这个星球上人类创造出的最独一无二的建筑吗?这个恢宏的科学建筑正是南老师一生心血的营造,南老师的建筑梦当算已酬,而这个望远镜对人类认知的冲击才刚刚开始。

这个大望远镜建成了,我想南老师还不至于特别开心,他对寻找地外理性生命的热衷与认真完全超出我的想象。如果真的跟外星人联系上了,我觉得南老师才会很高兴,也许那才能排解南老师作为人类的孤独。我们两个曾经讨论过有没有外星人。南老师非常坚定地给我说:"我认为肯定有!肯定有!!"语气里分明传递着不容置疑。南老师自从说出"咱们也建一个吧"这句话,他的人生就是在执行一诺千金的君子之言。都说南老师聪明,但我知道南老师是我认识的人中最勤奋的。任何节假日拨打他办公室的电话,几乎总能听到南老师低沉的应答声:"喂?"正如有位天文学家所言:"不管是悍妇还是国王,只要把望远镜指向天空,就会被它的美妙吸引。"然而,盖脱心志于俗谛之桎梏者,方能如南老师这般执着和义无反顾。真希望这个望远镜能尽快找到外星人,外星人谈到太阳系地球上的中国,最想见的想必就是南仁东了。

南老师的人生演绎的是精彩与传奇!他热爱美与善,如又一个梵高。他的内心曾有热切的渴望，渴望无限勤勉的努力成就完美作品时内心的美好感觉，哪怕是短暂的美意。他玩过、幽默过、孤独过、关怀过、爱过，但更多的是于执着的苦行中求索，也许不曾得到也没奢望得到理解。天赋使他惜时如金地撰写了美丽的人生，我不知道他是否觉得自己的一生已尽兴，但我知道他的目光一定还被宇宙的神秘和绚丽所吸引，他的心已经踏过平庸、奔向宇宙无垠的广袤，永存于时空。

（任革学是清华大学航天航空学院教授、博士生导师，本文写于 2018 年 4 月清明节之际）

# 附六

## 胸怀祖国　领航星辰之海

严　俊

南仁东是 FAST 工程，即 500 米口径球面射电望远镜工程的首席科学家和总工程师，FAST 是他近 22 年全部的事业。

22 年来，南老师带领大家利用贵州天然喀斯特洼地作为望远镜台址，建造了世界第一大单口径射电望远镜，实现了大天区面积、高精度的天文观测。FAST 的落成，让中国的射电天文事业从落后变成超前。与号称"地面最大的机器"的德国波恩 100 米望远镜相比，FAST 的灵敏度提高了约 10 倍；与排在阿波罗登月之前、被评为人类 20 世纪十大工程之首的美国"阿雷西博"305 米望远镜相比，FAST 的综合性能提高了约 10 倍。我们可以骄傲地说，FAST 无愧于"天眼"的称号，未来的 10—20 年，FAST 将在规模和性能上保持世界一流设备的领先地位！

这项工程落成时，中共中央总书记、国家主席、中央军委主席习近平发来了贺信。

习近平总书记在贺信中指出，FAST 的落成启用，对我国在科学前沿实现重大原创突破、加快创新驱动发展具有重要意义。而后，在党的十九大报告中，习近平总书记也提到了"天眼"，他指出："创新型国家建设成果丰硕，天宫、蛟龙、天眼、悟空、墨子、大飞机等重大科技成果相继问世。"

目前，FAST 已经取得了一定的科学成果，我们认证了 9 颗脉冲星，消息震惊了世界。将来，FAST 还会给世人带来更多当下不可想象的惊喜。除了脉冲星，FAST 还将为人类发现巡视中性氢、探索暗物质和黑洞、研究宇宙起源和地外文明等提供独一无二的手段，并且将帮助基础研究众多领域实现的新发现和新突破，带动深空探测等高技术发展，开展国际科技合作提供一流的创新平台。

以前，我们都是看外国发布相关喜讯。南仁东说："别人都有大射电望远镜，我们没有，我挺想试一试。"

在 20 世纪八九十年代，中国天文学研究在世界上不受重视。南仁东有一身硬骨头，在国际会议，他用英语跟别的科学家争得面红耳赤。他心里憋着一股劲儿。

1993 年，在日本东京国际无线电科学联盟大会上，科学家们提出应该建造新一代射电望远镜，接收更多来自外太空的讯息。南仁东坐不住了，说："我们也建一个吧！"

从此之后，他的心里就只装了这一件事：建造我国自主知识产权，世界最大单口径、最灵敏的射电望远镜——500 米口径球面射电望远镜 FAST。

他要做的这件事，前无古人。

为了保证 FAST 的稳定性，南仁东希望尽可能使用成熟可靠的技术，但实际上，FAST 打破了世界上射电望远镜的百米极限，开创了巨型射电望远镜建设的新模式。所以当时摆在他面前的只有一条路：创新。

南仁东带领大家在这条创新路上走了 22 年，最终满载而归。

FAST 实现了三项自主创新。首先，FAST 利用了地球上独一无二的优良台址——贵州天然喀斯特巨型洼地作为望远镜台址，使得望远镜建设得以突破百米极限。第二，我们自主发明了主动变形反射面，让 FAST 能够灵活主动地观察宇宙。第三，我们采用光机电一体化技术，自主研制出轻型钢索拖动机构，以牵引"天眼"的"眼球"，精确地捕捉天文信息，并将万吨平台降至几十吨。

其中，用来兜住望远镜镜面的钢索是建造 FAST 的一个关键要素，而当时国内没有产品能够达到 FAST 超高的使用要求，南仁东慌了。那段时间他每天嘴里都在念叨钢索，头发蓬乱丛立着，脸也顾不上洗，抽烟抽得厉害，去他办公室呛得睁不开眼睛。直到后来找到了研制原创新型钢索的方向，他才淡定下来，再也不一天打好几个电话询问实验细节了。创新的左手是希望，右手是痛苦。最难的时候，老南站在 150 多米高的馈源塔上跟自己发狠，说："FAST 要是建坏了，我就从这儿跳下去！"

南仁东大概是我见过的最百折不挠的人。

从 1994 年开始选址到 2016 年 FAST 落成，FAST 团队遇到了数不清的大小困难。刚开始项目组缺少人员和经费，大家管老南叫"丐帮帮主"；而后因为工程细节和零件厂家死磕，他又得了一个"倔老头儿"的美名；再后来，FAST 初见规模，他竟然高兴得在圈梁上跑了起来，我们都说他成了"老小孩儿"。

作为国家"十一五"重大科技基础设施建设项目，FAST 项目投资 11.5 亿元，由中国科学院主管，贵州省人民政府共建，参与人数达到近 4000 人。

优秀的项目团队给予了南仁东莫大的支持，从 1994 年开始，中科院国家天文台联合中科院遥感所、西安电子科技大学、清华大学等 30 所科研单位和大专院校毫无保留地投入项目中。此外，贵州大窝凼因建设 FAST 而搬迁的 12 户原住民，也给予南仁东最大的信任。这些对于他这个总工程师来说，既是巨大的推动力，也是巨大的压力。

FAST 落成后，南仁东哑着一副嗓子跟大家说了句心里话："我欠了国家的、乡亲的、那么多大专院校和科研院所的，我有退路吗？"

巨大的责任感和使命感鞭策着他。他深知 FAST 项目担负着日地环境研究、搜寻地外文明，以及满足国防建设和国家安全等重大需求的重任。

2011 年 3 月 25 日，中国科学院、贵州省人民政府联合下达 FAST 项目开工建设批复，计划建造时间 2011 天，FAST 项目便在 2016 年 9 月 25 日整体竣工。任凭中间遭遇多少意想不到的困难，南仁东还是如期兑现了对国家、乡亲和广大科技工作者的承诺，一天也没有超期！

而在责任感和使命感之外，一直支撑他前行的还有梦想。

南仁东说："人类之所以脱颖而出，从低等的生命演化成现代这样，出现了文明，就是因为他有一种对未知探索的精神。"

探索神秘莫测的宇宙是人类几千年来的梦想。直到当今时代，国家强盛，经济、科技、制造业高度发展，才终于给了我们这代天文人圆梦的机会。

我们应该感谢南仁东！是他，把后来人引上了深入星辰之海的道路，征程虽远，幸而路就在脚下！

原本我以为，南仁东还可以陪我们继续走一程。前不久他还在为 FAST 调试出谋划策，而 9 月 15 日，我竟接到了他在美国病逝的消息。

南仁东是条硬汉，但同时，他有一颗柔软、澄澈和慈悲的心。他最珍贵的回忆，是早年下工厂锻炼回城时，200 多人追着火车送他离开的场景。他常说："现在我很难达到这个程度了吧？"

事实上他错了，9 月 15 日清晨，为他流泪的岂止 200 人。

那天，我正在外出开会，清晨收到消息后，我先把自己锁在屋子里哭了一个多小时。他在贵州山里连滚带爬找路的样子、把大冰棍儿咬得咯吱咯吱响的样子、着急时拼命抽烟的样子、跟别人吵架瞪眼的样子、每次试验成功后乐得像孩子一样的样子……接连浮现在我脑海里。

南仁东这个人，20 多年就做了一件事，不为名，不为利，就是要为中国实现大射电望远镜梦。

　　如今，全世界都见证了他的成功，他却病逝在异国他乡，不愿意看到我们痛苦的样子。在得知他离去的那一刻，我心里默默地想：你没有离去，你不会离去，你永远活在我们心里！

　　（严俊是国家天文台原台长、FAST 工程经理，本文写于
　　2017 年）

# 附七

## 沉痛悼念学长南仁东君

斯可克

算起来，南总是我的学长。我们都曾在清华大学无线电电子学系学习，他比我高一届。毕业以后，我们又先后被分配到吉林通化市无线电厂，接受"工人阶级再教育"。

在无线电厂，我们共事了8年之久。直到1978年恢复研究生招生，我们都通过考研考了出去。中间隔了31年，直到2009年，我们又一同参与FAST工程，至今又共事了8年。

从青年时代起，南总就展现出许多优秀的特质。他是以吉林省理科高考"状元"的身份考入清华大学的，和他接触过的人都佩服他的高智商。凭着坚实的科学素养和渊博的专业知识，南总在科学事业上的判断决策大多是正确的。大家把他视作"权威"，绝不是没有道理的。

我们曾经在一起讨论过气体液化临界温度反定理等问题，他给出的答案，让我这个曾经也算是"学霸"的人，打心眼里佩服，自愧不如。

他甚至还有很好的艺术修养。我观看过他的油画作品《周总理》，水平相当专业。在那个年代，这个作品也反映了他的政治理想："希望国家稳定。"

但南总绝对不是个"书呆子"。他的性格和品质，是阳光、真诚、正义、善良的；他的精神风貌，是富于朝气和活力的。在通化无线电厂那几年，他经常和工人朋友们进长白山的林子里打猎。这种性格，让他总能和群众打成一片，身边总是围绕着一大群朋友。认识他的人，都能感受到他的高情商和人格魅力。

南总善良仁厚，充满正义感。还是在通化的小工厂，南总和很多工人朋友交往很深。有一位工人朋友生活十分拮据，他就从自己不多的工资里拿钱慷慨相助，非常让人感动。

对待新技术和新事物，南总总是保持着很高的学习热情。虽然他在学校掌握的书本知识远远超出一般人，但他依然热心学习所有和工业有关的技术。他还拜工人师傅为师，学开模具，学钣金、冲压、电镀、焊接……在 FAST 工程中，南总对机械图纸审核得详细准确，让许多机械专业的工程师都佩服不已，我知道他是怎么学会这些的。

但有些事情连我也不知道。比如他对岩石土方也很明白，让我特别惊讶。我猜，他一定是为了 FAST 边干边学的。

南总的格局，还体现在勇于攀登高峰、敢为人先上。

早些年，当我们还使用机械手摇计算器的时候，南总就带队，和吉林大学数学系教授、中科院数学学部委员王湘浩团队一起，消化意大利引进的晶体管台式计算器，并利用泰勒公式方法增加了三角和对数函数，用 28 块电路板、300 只三极管、2000只二极管，造出了国内首台电子计算工具。

虽然当时元器件可靠性不高，集成电路又发展迅速，这台设备的生命里程不算长。但它无疑曾经是国内第一，更重要的是，中国科学家通过这件事情，也掌握了可靠性原理和方法。

至于 FAST，更能集中地体现南总的高瞻远瞩。放眼国际这一领域的研究局面，留给我国天文学界发展 500 米口径球面射电望远镜的窗口可能只有 20—30 年。南总敏锐地把握住了这一时机，也看到了我国做这件事情的条件已经成熟，有能力支撑这一项目。因此他当仁不让，挑起了 FAST 的重担，也让我们国家在这个领域有了国际领先的机会。

当然，这可能也只是我一个领域外人士的理解。但是毫无疑问，南总心中有不甘平庸的大目标、大格局、大境界。

除此之外，南总还是一个责任感超强的人。参与 FAST 项目后，在我们交谈中，他好几次表示肩上担子太重，不敢有半点疏忽，如果项目做不好，对单位、对国家、对人民都没办法交代。这种超强的责任感，也给了他超强的工作负荷。这一点，大家有目共睹。即便患病以后，南总依旧一心扑在工作上，我们看在眼里，都能感到那份为项目成功不惜以命相搏的悲壮。

在建设 FAST 时，南总是站在对国家负责和对事业负责的高度，对工程质量提出高要求。他说：将来 FAST 会是一个国际合作的场所，许多外国科学家会来此进行合作研究，如果 FAST 故障率高，经常出问题，"停车"修理，那就可能成为"国际笑柄"。这个重担始终压在他的心头。

南总的为人，真的是廉洁如纯水，一尘不染。他生前常给我们算账：FAST 的寿命 30 年，相当于每天国家投 12 万元，如果因为我们的工作没做好，FAST 停一天，就等于白白扔了 12 万元。

工程上，大量的钱都需要通过南总的技术把关，任何人送钱送物，他都拒绝和退回。他的行事作风让我们肃然起敬！

我和他一起共事多年，虽然他自己身体不好，但还是经常嘱咐周围同志关心我的身体，为我提供尽可能好的条件。他每天都要看几十封甚至上百封邮件，并且一一回复。他这么要求自己，却又很为别人着想，尽量减少别人的麻烦。在不很必要的邮件上，他会特别注明："不必回复。"就是这些小事，处处显露出他内心的善良。

我们的滤波器样机已经通过了 720 小时耐压试验，滤波效能达到预期目标。这些天，我一直在想，我们能为南总做些什么。我想，最好的就是继续保质保量地推进工作，用更多像这样的FAST 调试过程中的好消息，来告慰他的在天之灵！

（斯可克是原 FAST 工程顾问，清华大学无线电系 65 级，本文写于 2017 年）

# 附八

## 一个穿越时空的奇人

黄　雷　杨正位

　　**杨:** 你爸爸与南仁东是同窗好友,你爸常说南叔叔对你很关心,请谈谈你的看法。

　　**黄:** 在我脑海里,南叔叔是一个"神人"。小时候,我爸跟我说,南叔叔这个人与"三教九流"都能打成一片,不论是科学家还是贩夫走卒,他能与接触的每个人进行很深入的沟通,不是浮于表面或者应付。比如在今天,假想您也是一位科学家,跟一位快递小哥深入沟通其实很难,首先您要有足够的时间想要了解他,同时还要有足够的意愿。我印象中的他,是可以蹲在大街上,与小摊贩像卖鞋垫的人沟通的。他想要了解这个世界的欲望和好奇心,是远高于常人的,我觉得这点可能铸就了他的整个世界观。他是一个极为开放的人,他的思想、思维都极为开放,并且对世界抱有极大热忱。

　　**杨:** 南老这种通透豁达,让我想起苏轼,"吾上可陪玉皇大帝，下可以陪卑田院乞儿，眼前见天下无一不好人"。千年来东坡一直很招人喜欢，也代表了中华文明的优秀部分。

**黄**：南叔叔的特质特别立体、鲜活，他这个人好像有生生不息的内在活力。他与世界的相关性、咬合性比别人更紧密，因为他有一双好奇的眼睛和一颗好奇的心，去探索这个世界。我觉得，可能正是这份好奇，让他能够找到自己终身从事且热爱的事业，越钻越深，用一辈子的时间不断努力。

我认为，他不是一个纯科学家，一般我们讲纯科学家好像不食人间烟火，对人文的东西似乎没有任何兴趣，但他不是这样的人。他两面都有，一面有强烈的科学观和科学头脑，用理性、逻辑、科学的方法去解读世界；另一面他又有一颗很人文的心和一双人文的眼睛，对人好奇、对世界好奇。我认为这样的品质，能够穿越时间。有时人的特质和时代是非常相关的，一个人的特质和时代匹配上了，可能就特别容易成功。但他的特质是可以穿越时代的，即使今天他刚刚出生，他仍然可以成功。他的脑子同时具有科学性和人文性，他是一个"奇人"。

第二点，我不知道他对女儿来说是一个什么样的家长。印象里，我爸跟我讲，他跟女儿的朋友同学们，可以像平辈一样相处交流。我感觉，当一个家长以平等的眼光和平等的谈话方式、行为方式、思考方式去对待孩子时，这是一个很高的境界。就是不拿自己当家长，而拿自己当一个跟他们平等的人去对话。之所以说这个境界很高，是因为这意味着要把自己放下，因为一个人如果不这样，意味着内心觉得自己是高的，就会端起架子。南叔叔内心就不觉得自己高，所以他放下自己的时候，不觉得难受，也不觉得违背了初衷。就像您刚才提到苏东坡，我相信他在与贩夫走卒沟通时，脑子没想'我是与玉皇大帝沟通的人'。南叔叔脑子里根本没有名和利的概念，他享受和这个世界谈话的过程，享受了解世界上每一类人的过程。所以我觉得，他是一个罕见的人。

其他方面，不知道我爸爸之前讲没讲过，他最早不是学天文的，他是学无线电的。他在清华大学是顶尖里的顶尖，做什么都可以做到第一的人，这种人是很少的。他通过一段时间找到自己最热爱的事情后，彻底转了，仍然可以做到最好。像您刚刚说的，他热爱建筑，如果几十年前他选择了建筑，我相信今天他也会是一个顶级的建筑学家。

**杨：**我采访过的人都认为他最热爱的就是建筑，然后他最后成功的"中国天眼"也是一个建筑。建筑绘画是他喜欢的，他干什么都超一流。

**黄：**我们家还有一幅他送的画，山水水墨画。他画画的意境很好，所以我觉得他有很强的美学素养，有一双美的眼睛，他能够发现世界的美。在某种程度上这也说明了，天文和艺术是相通的。

我对他的整体印象，就是觉得他的底层特质，是穿越时间和意识形态的，无论他生长在什么年代、什么制度下，可能都无法阻止他的天分以某种形式展现出来。

**杨：**听你爸爸讲，南叔叔对你很好，高考前鼓励你，释放你的心理压力。他还跟你爸讲，怕孩子吸毒啊，因为社会上有时候存在这样的危险，你怎么看？

**黄：**我觉得一方面他很善良，另一方面他对这个世界的观察更细微。像我爸就没对我有过这方面担心，我猜想他其实是没看到社会那个层面的，而南叔叔可能看到了。他拿吸毒作为事情来关照我，反映了两点：一个是他对社会的各个层面都有关注，所以知道这件事是绝对不能碰的，因为一旦碰了，可能就废了。有些错误犯了可以爬起来，有些一旦犯了就很难爬起来，吸毒是其中一个。他对社会了解的深刻度，让他能够给我这样的建议，而我爸很难给我这样的建议。

您刚提到易子而教，比如让您去教另外一个孩子，您会对他说不要吸毒吗？我猜想您可能不会去说，可能您对社会的这个层面并不了解，也不知道这件事情给一个年轻人带来的危害会有多大。我们更多是听别人的。但南叔叔能够告诉你，这件事真的不能碰，而且很严肃，说明他真的很在意。

第二部分，吸毒这个事情，反映了他另一个想法。一个人的塑造有高线和底线，高线比如说人的智商、情商、对社会的理解力，决定了人能够做到多高；底线就是说，只要人不自我毁灭，我都可以接受。在这方面，他的宽容度特别高。也就是说，假设我没有考上清华大学，假设我是一个平庸的人，我相信他不会觉得这件事有什么大不了的。他对一个人设定的宽容程度，是非常非常高的。这一点，我觉得今天中国绝大部分的家长，都达不到他的程度，因为他们可能无法接受自己的孩子是一个平庸的人。这也是我为什么说，他的特质是穿越时间的，因为那么多年

前，他就看到，即使一个人庸庸碌碌一辈子，只要足够幸福，找
到自己的快乐，这件事其实没什么大不了的。所以，我对南叔叔
的又一个感受就是，他是一个很超脱、很脱俗的人，他不会被这
个世界禁锢住，不会被观念、外部环境、大家公认的价值观禁锢
住。他思考得足够深，以至于外部人是怎么想的，什么是好、什
么是坏，他都有自己的一套理解。这个理解是很深刻的，所以我
觉得从某种角度来讲，他是一个哲学家，他的思想具有很强的哲
学性。

**杨：** 这就像你爸爸说的，提到你南叔叔，首先联想到爱因斯
坦。爱因斯坦在科学、人文、宗教等多方面都是超一流的。他虽
然名气和贡献不及爱因斯坦，但他们属于同一类人，在科学和人
文方面，都是一类人。

**黄：** 我也认为，其实人类历史是由少数人改变的，甚至就是
几个人，这些极少数的人，改变了时代的方向。我觉得他是其中
的一个。当然，他如果活得更张扬，我相信他可以同时在几个方
向绽放；如果他去写一本哲学的书，作为一个兴趣爱好，可以做
得非常好。有些人就是有这样的能力，在好几个方向同时绽放。

每个时代都会有这样出类拔萃、最精英的人。但这个时代是
否对得起他，或者说时代是不是辜负了他，我觉得这是另外一个
话题。

**杨：** 有人说，他的性格如果在外国，可能考了建筑就是建筑
系。但有时候，如果纯粹是建筑，他的人生可能反而没那么丰
富。因为他有那么优秀的特质，在多学科钻研，在另外的领域都

能冒出来，几个融在一起，其实更不容易。

黄：您说得特别好，巴菲特的搭档芒格讲过，如果你想对这个世界有更深刻的了解，就要跨学科。当两个不同学科交织时，人对世界的理解就会更丰富，一定会让人的眼界更宽。南叔叔就是这样的人。

杨：比如爱因斯坦的小提琴，钱学森与音乐等例子，都证明了其他学科对创造性的帮助。再比如当时我解释开放，用耗散结构论来说明开放与封闭的好与坏，就太好了。南老脑子里根本没有学科界限，随时能越界、跨界，学科交界处，往往有新发现，更需要创造思维。套用一句话，"魔鬼在边界，天使也在边界"。

黄：所以我说，跨学科一定会帮助解读和认识这个世界，我觉得他的几个地方都交织在一起，这也是他"奇"的一个体现。我想一个人之所以能够作出成绩、成就，要看这个人的底层特质。他的底层特质，我尝试着表达一下：第一，好奇心。他对这个世界有强烈的好奇心，他的好奇心比一般人要强。我认为好奇心是一个人有成就的源泉，但今天中国的很多人是没有好奇心的、很麻木。第二，高智商。当他确定一个方向，想了解更多的时候，他有一套很高明的方法，让他在更短时间内，找到一门学科的精髓。这是他的智商决定的。他的方法，可以在很短时间内，获取一个新领域内所有的相关知识，并把它们总结、变成自己的方法论，迅速成为这个行业的专家。第三，坚韧坚毅。他一旦找到方向，可以义无反顾地走下去，拿一生的时间投身一件事。这也是今天绝大多数人不具备的特质。所以，我觉得所有这些都注定着，他一定是一个出类拔萃的人。

**杨**：像他这样聪明又勤奋的人特别少见，把各种优秀品质集于一身，聪明自不必说，他还特别能吃苦、特别勤奋。

**黄**：所以我在想，这个时代是不是辜负了他。他一定不是一个我们能够随随便便看到的人，是几十年甚至上百年才会有的这样一个人。这个人是这个时代的一个亮点。我前段时间读了一本书叫《人类群星闪耀时》，就是讲在整个人类发展史上，每过一段时间就会有特别闪耀的一颗星，在某个方向、领域去塑造世界、改变世界。我觉得在中国的历史上，他应该是其中的一颗星。我相信这个世界是由极少数的人在推动的。

他是这样一种人，在任何意识形态和制度下，都清楚自己追求的是什么，他能找到自己的路，去做自我实现，最大展现个人价值。我觉得他的情商足够支持他找到这条路。因为这是他热爱的，他必须找到。有些人就是有这个本事。

**杨**：我研究过《中庸》，需要找到一种最适合妥当的度。

**黄**：他不是说要顺应这个时代，然后飞黄腾达，做人上人，这个不是他追求的。他追求的是他真正热爱的科学。外面可以禁锢他一些，但是无法完全禁锢他。这也是我为什么说他是穿越时间、穿越意识形态、穿越制度的人。他是很罕见的。

我也希望您的书可以很鲜活、立体、丰富地把他展示出来，展示出他是一个活生生的人，具有很罕见的人格，他是没有被制度和环境困住的人。

**杨**：他的特异，让许多人包括家人，也未必能理解他，同频太难,内心终究很孤独。

**黄:** 他对这个世界的很多想法未必都被看到,很孤独,就像很多哲人就是很孤独的。这个世界看不懂他,感受不到他。

**杨:** 所以他只能换一种角度表达出来,幽默表达。

**黄:** 他完全可以不幽默,他分分钟可以转换成一个很深刻的人,但他就怕自己的语言不被理解。

**杨:** 我觉得幽默的前提是深刻,要超越一般,才能够幽默地表达出来。他是一个风趣的人,是一种深刻的幽默。有时候觉得能够理解他的人,未必是身边人,可惜后来你们接触少,我估计你们一定是很聊得来的。

**黄:** 我其实一直有一个夙愿,但是也没实现,就是希望南叔叔能看一下刘慈欣的《三体》,有名的科幻小说。它里面构建了一个宏大完整的世界观,非常自洽。我认为,中国如果有一个人能评价这本书,他应该是那个人。但我猜想最后他没看那本书,我也没机会去问他。

**杨:** 大家都说,他对外星人有一种热衷。按理说,从逻辑上,肯定是有,不能排除,因为人不可能是唯一,宇宙无边无际。但要说有,就需一步步找证据,目前还没找到,可能人类都不在了,还没找到。

**黄:** 他应是相信有地外文明的,我猜想 FAST 一个很重要目的,也是了解地外文明。生命形成是所有小概率事件叠加在一起,是一个微乎其微、微到几乎可以忽略的,为什么这件事就能发生在今天的地球上。从这个角度来说,也一定存在其他的。

**杨**：他很善良，他的善良超出一般科学家，做了很多善事。比如帮助穷人、工人，再比如说申请 FAST 项目，开始他本来很洒脱幽默，但国家的钱来了，他一点不洒脱了，压力很大，就怕浪费国家的钱，这种善是远远超过一般人的。还有他的感情、婚姻，也是基于一种善，首先基于同情，能够做到这一点的人是很少的。

**黄**：我在想，科学家始终在追求一件事情，就是所有事情，都要找到一个最合理、最优化的方式来解决。所以当他以这种思维逻辑来看待每一件事时，善和恶已经不是他考虑的了。比如帮助穷人，他是想"我有我的方式"，让这些穷人过好一点的生活，他要找到这样一条路，而且是最优化的一条路径。再假如他做慈善，我想也会比多数人效率高，因为他是以科学的眼光解决问题的。FAST 也是这样，国家给了他多少经费，他要最大化地利用这些经费，他是以一个科学的思维来看待这件事情，找到最优方法，这是个科学观，我觉得。一个国家推崇什么，就会变成什么；倡导什么，就是什么。

**杨**：你对他的理解很独到。你说的这些还让我想起了另外一个人，像圣人一样，就是卢作孚，当时搞乡村建设的，比较有名的有晏阳初、梁漱溟、卢作孚等人，但我觉得卢作孚做得最成功。他在北碚建了些东西，创造了就业，带动乡村现代化、城镇化，这是最好的路径。好多乡村建设讲邹平实验，晏阳初、梁漱溟他们那些方法，效果其实不如卢作孚，因为他们更多是比较窄的方式，从领域本身想怎么做，卢作孚是一种高明的解决方法，另辟蹊径从根本上解决。

**黄**：我觉得今天中国的各行业各领域，如果大家不用世俗心，而是从科学角度找到一个最优解决路径，很多问题已经能解决。我认为南叔叔早就脱离了世俗。

**杨**：他确实完全超脱了。越了解他，越让人感动。我研究一些优秀人物，像卢作孚、孙立人等，几乎所有的部下都很敬重他们，都为看到一眼而高兴，他们的心在别人，同甘苦共命运。

**黄**：南叔叔呈现给这个世界的样貌，只是很少一部分，更多冰山下面的东西，没有被大家看到、感受到。我觉得您的这本书，行文包括叙事方式，如果很贴合今天的表达方式，对于塑造今天中国人的价值观都是有好处的。但是，您的叙事方式要跟这个时代相关，因为如果过于哲学化，大家可能不太看，这个是有点担心的。

**杨**：相当于要写得有趣。包括他那个搞笑的，哄女儿的故事啊，剃朋友孩子的阴阳头，和朋友打架，搞笑的故事很多。有的也只能尽我所能去描述。

**黄**：让我再想深一点，我觉得南叔叔这个人，他活过，爱过，奉献过。今天绝大部分的中国人，在自己死的那一刻，都觉得自己没活过，在这个世界没有留下印记，活得不鲜活，没有生机勃勃的生命力。这应该是一个人在这个世界上很高的境界。

（本文为作者对南仁东好友黄金生儿子黄雷的采访，2020年1月18日）

# 附九

## 南仁东　一眼万年

### 王天挺

北京时间 2017 年 9 月 15 日 18 点 32 分，土星探测器卡西尼号（Cassini）发出最后一个讯号。

同一天，现任中国科学院国家天文台 FAST 工程总工程师兼首席科学家南仁东先生离世。南老师是我采访过的最富有人格魅力的科学家，他的浪漫存在于他的各项科学研究中，并且作为一个观察宇宙的人他认为这理所应当。

去年采访老先生时他身体不好，没有多聊，希望日后有时间能补上。但现在补不上了。

FAST 是他人生中最为引人注目的成果，但他的人生远比世界最大望远镜的镜面要来得宽广。他曾得意地向我展示他的画作，他同样为此感到骄傲。

南先生千古。

南仁东先生从始至终都是一位浪漫的冒险家。这种浪漫冒险从他在清华大学时利用大串联的机会，毫无负担地游遍广州到新疆天山的大半个中国就开始了。在吉林长白山里的下放劳动车间，他成了开山放炮、水道、电镀和锻造的行家里手，临了还当上了厂里的技术科长。他头发留得很长，爱画漫画，但总被驻厂军代表盯着，就改画毛主席像。

他中等身材，皮肤黝黑，唇上留着一撮小胡子，从前喜欢穿一件很贵的黑色皮夹克搭配墨镜，还拥有一套纯白色的三件套西装——无论如何都不像一位被认可的科学家。但他早已坐过这个领域最受尊敬的位置：国际天文学会射电天文分部（IAU DivisionX）主席。直到他去世前一年的夏天，71岁的老头穿着汗衫短裤，向人炫耀：瞧我这一身名牌。他曾在多个国家工作，几乎走遍地球上的每个角落，这让他很骄傲。他后来上了年纪，腿脚不好，但如果你去扶他，他会毫不犹豫地拒绝。

他难以想象自己会成为某项重大科学工程的实施者，他是个讨厌负责任的家伙。对他来说，大望远镜更像一个巨大、好玩的玩具，地球上的事早就难以满足他，他只是很单纯地，想要看得更加宽广、更加深远。但做事总是很难，20多年前，几个重大的全球望远镜计划都不带中国人参与，百般努力，无一而成。所以当10多年前，十几个灰头土脸的中国科学家经历了几个月的探索、走了几百个小时的山路，终于从大窝凼的洞口钻出来，看见头顶的那片璀璨星空和吃惊地望着他们、电都没有通的12户村民时，“没有人仰望星空？”南先生一定会疑惑这句话，我们不是一直在做这件事吗？

"这里好圆。"他说道。

这位极爱面子的老人一定更愿意因为天才构想和艺术成就出名，而不愿被描述成一个"勤勤恳恳、兢兢业业"的劳动模范。但后面这点，他也的的确确做到了。他直接在中国科学院会议上管院长路甬祥要名分、要钱，谁的面子都不给。国际评审专家对他的评价是："南，英文不好不坏，别的没说清楚，但要什么，他说得特别明白。"

他曾经说过："我谈不上有高尚的追求，没特别多的理想，大部分时候是不得不做。但人总得有个面子，往办公室一摊，什么也不做，那不是个事。我特别怕亏欠别人，国家投了那么多钱。"11亿元，当时令人咋舌的大科学工程的价格，现在不过是一部电影的票房。一个不喜欢负责任的人，负起了责任。他拿到钱之前，吹牛、开玩笑，拿了钱之后，原来的洒脱就不见了。

他骂人，冲人叫喊，拍桌子吹胡子瞪眼，对领导更是肆无忌惮，"一副我确实不喜欢你、骂你两句怎么了"的气势。他是FAST项目的明星，周围村民都认识他，他戴着印有自己名字的蓝色头盔，年轻的科学家谈起他两眼发亮，院子里养的狗只跟在他一个人的后面。这意味着他比谁去工地的次数都多。他跟工地上的工人倒是打成一片，河北来的水泥工人说："老爷子好着呢，给我们买被子。"

他太过完美主义，什么事都想做到最顶尖；他同时又是一位悲观主义者，经常为别人夸大困难，担忧低估他人的能力。他做的本不过是追寻宇宙的深邃，但之前这些事过于琐碎烦忧。幸运的是，2016 年，世界最大口径射电望远镜 FAST 在他的努力下建成，发现更多的脉冲星，观察到早期宇宙的蛛丝马迹。可以不必去看国外天文台的脸色了。

不太公平的是，相较于漫长的宇宙观测，人的一生太过短暂，很多像南先生一样的天文工作者，甚至没有亲自使用过经年建造好的仪器，人的生命就已经结束了。但想必南先生并不遗憾，尽管没评上院士，现在可能也没几个人记得那十几个从洞里钻出来的中国科学家，但他的一生已经活得足够宽广，就像探寻宇宙的宽广需要先有内心的宽广一样，他做到了这一点。他曾经不断思考，外星人是什么样？我能否见识到更有趣的宇宙画面？

"我们和猴子的 DNA 就差不到 1%，而我们之间却是千差万别。我们甚至和苹果的 DNA 也没差多少。我们不知道海豚如何理解哲学，如何感受生活的幸福；更糟糕的是，我们不知道海豚知不知道我们如何理解……看来，在海豚和人类之间，即使我们不是唯一无知的一方，至少我们肯定是无知的一方。"

南先生度过了极好的一生，唯一有些遗憾的是他未曾拥有自己的宇宙飞船，否则他一定会在今年偷偷一个人驾驶它飞向太空，扭头看着身后望着他、尊敬地称他为首席的、目瞪口呆的家伙们，哈哈大笑！

（王天挺是《人物》杂志原记者，本文写于 2017 年 9 月）

# 主要参考资料

王宏甲：《中国天眼：南仁东传》，北京联合出版公司 2019 年版。

刘熙、大侠：《放眼星空："时代楷模"南仁东》，时代文艺出版社 2018 年版。

罗德思：《"天眼"缔造者南仁东》，海燕出版社 2019 年版。

王华：《仰望苍穹：中国天眼之父南仁东》，时代出版传媒股份有限公司 2019 年版。

王宏甲、萧雨林：《你的眼睛能看多远："天眼"巨匠南仁东的故事》，长江少年儿童出版社 2019 年版。

南鸥：《仰望星空：中国天眼之父南仁东传》，贵州人民出版社 2020 年版。

《南仁东回忆文集》，国家天文台党委汇编，2020 年。

吴学忠：《我的同桌南仁东》，《辽源日报》2018 年 10 月 23 日。

《天空中最亮的"辽源之星"》，《辽源日报》2017 年 9 月 25 日。

郭家珍：《清明祭仁东》，清华校友总会，https://www.tsing-hua.org.cn/upload/file/1573804224930.pdf，2019 年 4 月 5 日。

任革学:《清明追忆　一个梵高　世间再无南仁东》,清华校友总会,https://mp.weixin.qq.com/s?__biz=MzA3MDI0NTczNA==&mid=2649278754&idx=1&sn=1ec6e509649c11e45bb6a38b9e2aa182&chksm=8723a52bb0542c3d13ab39adbbcf9dd3a325f89e6d4b6d62ceb45e485b566295da9ac2d0c323&scene=27,2018 年 4 月 4 日。

王天挺:《探访中国天文界的史诗之作:一口倾听宇宙的贵州巨锅》,微信公众号环球科学,https://mp.weixin.qq.com/s?__biz=MjM5NDA1Njg2MA==&mid=2651982086&idx=2&sn=af5a07cc9ab6ae344566145cd1c56cc6&chksm=bd6b36f58a1cbfe31e1120325f9b8664583caf343fcbe752cd5a41ba0523d-2b349d0d9c9da21&scene=27,2016 年 7 月 8 日。

张国起:《毕业五十年　怀念同窗好友南仁东》,清华校友总会,https://www.tsinghua.org.cn/info/1954/21425.htm,2019 年 4 月 9 日。

《深切缅怀南仁东先生》,中国科学院网,https://www.cas.cn/zt/rwzt/mhnrd/,2017 年 9 月。

南斯佳:《追忆我的伯父南仁东》,共产党员网,https://www.12371.cn/2021/11/09/VIDE1636426802830458.shtml,2021 年 11 月 9 日。

《中国天眼》四集(万山深处、自力更生、脚踏实地、仰望星空),央视网《国家记忆》,2021 年 12 月 28—31 日。

《寻找地外生命》,央视网《百家讲坛》,2004 年 4 月 29 日。

《先锋:"天眼巨匠"南仁东》,中央广播电视总台央广经典音乐广播，2020 年 10 月 2 日。

《【天眼巨匠——南仁东】天眼之魂、之妙、之魅、之傲》，中国科学院网，https://www.cas.cn/spx/201801/t20180117_4632731.shtml，2018 年 1 月 17 日。

贵州省克度镇"南仁东事迹馆"相关材料。

# 后　记


"我们盼望写得真实可信，有血有肉，写出南大哥鲜活的好人一生、英雄一生。他这个人，菩萨心肠，考虑问题与别人不一样。如果他不伸出援手，我们一定在劫难逃，他是我们的救命恩人。在他心中，始终是真理在上、正义在上，他不会编假话、说瞎话"，他救过的刘忠等人，边说边含泪认真地叮嘱。

"现在写南的书不少，希望你写出的南大哥，是有血有肉的人，有人情味。他是人，别神化，别拔太高。其实，他就像邻家大哥哥，特别平易近人，特别有慈悲心，挺同情弱者"，"一个人的思想、语言习惯，受时代影响。不写一时、一窝蜂的东西，才能长久"。林潇潇对我这个陌生人满怀狐疑，并私下里"调查"我，怕我只有立场、没有真实，对我不停告诫。

"幸亏现在通化人活着，第一手资料比较详尽，过后就再难找到这些资料了"，"他讲团队精神，极力拒绝宣传，认为宣传个人不好。去世后不宜讲得太'高大上'，他不是那种口号式人物，他从来都反感，从不居高临下地教育别人。他一定生前有预见，不愿接受采访，对大嫂也有交代，显示出他的人格力量"，弟弟

248

仁刚谆谆告诫。

"媒体更多关注的是'天眼'的成就，以及南仁东的各种超人本领和传奇经历。但在我心中，他只是那个亲切的大伯：善良和蔼，又倔强执拗；个性乖张，又风趣幽默；爱好广泛，又兢兢业业。他不是遥不可及的天才或超人，而是我精神世界里不可或缺的人，一个有血有肉的人"，侄女南斯佳说。

"当时权威媒体报道他，我直接把'默默无闻''艰苦朴素'等划掉了。比如他爱美，直接说我皮鞋不搭配，实在不行就穿黑皮鞋，和啥都配，他穿着讲究品位。又如他性格外向，爱说爱讲，不算默默无闻。而且宣扬别人默默奉献，是否符合道德？写人贵在真实，一种性格，正反面都是它，写出来就行了，不必随便拔高"，张蜀新坦言。

"我印象最深的是，他很有个性，眼界很宽，很开放，也很时髦，不是普遍的、典型的科学家。他很另类，有各种各样的爱好，一个很独特的人、罕见的人。他面带嘲讽，怎么好玩怎么来，好奇心很强。他的人性，超越俗世，直达宇宙，会让你触动很多。遥望太空的事，本质上与他性格相符。"

"他有超强、超有趣的灵魂，任何写出来的东西，无论书还是文章，都没有真实的他精彩。他喜欢永恒的东西，能敏感捕捉到最重要的。虽然他也就 1.65 米的个儿，但到世界哪儿去，都没人小看他。在当时，外国人只觉得他是中国人的特例。他却说，中国人到哪儿都过得好，说明中国人勤劳、聪明"，朱文白回忆。

"'好马看腿，好人看嘴。'南老幽默风趣，不能写得那么悲伤，哀而不伤，带一点嬉皮士之味。他特别人文，非常宽容，很善于捕捉有趣与欢乐，不是那么'正统'或一本正经。他悲悯世人，有弥赛亚特点。"任革学满脸严肃的话，让我明白了方向：宁写成"令狐冲"，也不能像"岳不群"！

"南老师是我采访过的最富有人格魅力的科学家，他不是'名利之徒'，很直率，很质朴，准确一点说是'纯粹'，年轻人对他都很尊重。他不是世俗符号、政治符号，是个生动的、真实的人。把他描写得很'悲情'，在院士问题上放不开，是把他降低了，有点侮辱他似的"，写了《南仁东 一眼万年》、让南老满意的王天挺，认真叮嘱道。

"南叔叔呈现给这个世界的样貌，只是很少一部分，更多冰山下面的东西，没有被大家看到、感受到。我觉得您这本书，行文包括叙事方式，如果很贴合今天的表达方式，对于塑造今天中国人的价值观是有好处的。但是，您的叙事方式要跟这个时代相关，因为如果过于哲学化，大家可能不太看，这个是有点担心的"，黄雷满怀期待。

"南仁东本真，一是纯粹，是真正的、爱因斯坦式的科学家，为科学而献身；二是悲悯，有天然、纯真的慈悲之心，这是他本身的基因；三是睿智，他很聪明，特别刻苦努力，天才＋勤奋才成为大科学家；四是执着，20多年扎在一个项目上，爬了100多个窝凼，建设时项目几次差点夭折，真是'九九八十一难'；五是大爱，内心对国家、对人民的热爱，随时溢于言表，一点都不做作，说的都是心里话"，黄金生总结道。

南老亲友与同事的嘱托，让我心里有了底，也让我压力倍增，一定要刻画出一个实实在在的南仁东。本书说他是高人、痴人、真人、仁人，是为了叙述方便，也许还远远不够。奇人、牛人、信人、善人……纯粹的人、较真的人、孤独的人、悲悯的人、风趣的人、搞笑的人、好奇的人、快活的人、淡泊的人、执着的人、时尚的人、俗世的人、超脱的人、爱国的人、成事的人、矛盾的人、罕见的人、大写的人……皆能描绘他的某一侧面。

"其文直，其事核，不虚美，不隐恶，故谓之实录"，太史公的境界永远是标杆。为了写此书，我采访了大量南老的亲友，书中真实反映了他们对南老的真挚感情。我尽量以受访者原话为主，体会到皆是"个人观点"，免不了"全不说、不全说"之虑，不知是否达到各位的要求，我只能说，"我尽力了！"几年来，繁忙工作之余，挤时间采访写作，苦中作乐，感于其人，服于其心，敬于其德，乐之者不知有苦也。

最后，在5年的采访、整理和写作过程中，得到南仁刚、斯可克、任革学、王宏甲、祝成侠、严俊、吴学忠、黄雷、王天挺、林潇潇、刘忠、刘乙、孟灵修、姜能鹏、江小涓等，特别是南老好友黄金生，国家天文台的张蜀新、朱文白等所提供的大力帮助；也得到陈增秀、何长江、杨凤鸣、杨潇及众多亲人、同事的关心和帮助；中科院白春礼前院长在百忙中拨冗作序，在此一并衷心感谢。错讹之处，祈盼方家指正。

　　愿一个真实、鲜活的南先生，这个简单快乐的老小孩，自在地活在大家心中。愿这个有趣的灵魂，让人们多一点乐趣，让世间添一丝暖意。

杨正仁

责任编辑：周　颖
封面设计：王欢欢
版式设计：汪　莹

**图书在版编目（CIP）数据**

走近南仁东 ："中国天眼之父"的奇趣人生 ／ 杨正位
编著 . -- 北京 ：人民出版社，2025. 7. -- ISBN 978 - 7
- 01 - 027107 - 1

Ⅰ. K826.14

中国国家版本馆 CIP 数据核字第 2025G0R571 号

走近南仁东
ZOUJIN NANRENDONG
——"中国天眼之父"的奇趣人生

杨正位　编著

人民出版社 出版发行
（100706　北京市东城区隆福寺街 99 号）

中煤（北京）印务有限公司印刷　新华书店经销

2025 年 7 月第 1 版　2025 年 7 月北京第 1 次印刷
开本：880 毫米 × 1230 毫米 1/32　印张：8.375　插页：2
字数：176 千字

ISBN 978 - 7 - 01 - 027107 - 1　定价：39.00 元

邮购地址 100706　北京市东城区隆福寺街 99 号
人民东方图书销售中心　电话（010）65250042　65289539